킬링필드·리빙필드

킬링필드·리빙필드
Killing Fields, Living Fields

1판 1쇄   2010년 10월 5일
지은이   던 코맥
역자   최태희

발행인   홍응표
표지디자인 DBWI
내지디자인 개울북스
펴낸 곳   (주)로뎀
등록   2005년 12월2일 (제325-2005-00012호)
주소   부산시 중구 대창동 37-3 센트럴 오피스텔 703호
전화   080-467-8982~3
팩스   051-467-8984
이메일   rodembooks@naver.com
ISBN   978-89-93227-27-7 (04230)

킬링필드 리빙필드 2

1975~1996

던 코맥 지음 • 최태희 옮김

OMF RODEM BOOKS

1865년 허드슨 테일러가 창설한 중국 내지 선교회(CIM: China Inland Mission)는 1951년 중국 공산화로 인해 철수하면서 동아시아로 선교지를 확장하고 1964년 명칭을 OMF International로 바꿨다. OMF는 초교파 국제선교단체로 불교, 이슬람, 애니미즘, 샤머니즘 등이 가득한 동아시아에서 각 지역 교회, 복음적인 기독 단체와 연합하여 모든 문화와 종족을 대상으로 예수 그리스도가 구세주이심을 선포하고 있다. 세계 30개국에서 파송된 1,300여명의 OMF 선교사들이 동아시아 18개국의 신속한 복음화를 위해 사역 중이다.

OMF 사명
동아시아의 신속한 복음화를 통해 하나님을 영화롭게 하는 것이다.

OMF 목표
하나님의 은혜를 통하여 동아시아의 모든 종족 가운데 성경적 토착교회를 설립하고, 자기종족을 전도하며 타종족의 복음화를 위해 파송되는 것을 목표로 한다.

OMF 사역 중점
우리는 미전도 종족을 찾아간다.
우리는 소외된 사람들에게 관심을 갖는다.
우리는 복음을 전하는 일에 주력한다.
우리는 현지 지역교회와 더불어 일한다.
우리는 국제적인 팀을 이루어 사역한다.

OMF International-Korea
한국본부: (137-828) 서울시 서초구 방배본동 763-32 호언빌딩 2층
전화 02-455-0261, 0271 팩스 02-455-0278 홈페이지 www.omf.or.kr 이메일 omfkr@omf.net

|목차|

제 2 권

1975~1996

제 3 권

제 1 권

1923~1975

한 알의 밀이 땅에 떨어져

지난 5년 동안 일어났던 영적 대 추수는 기쁘게 거둬들여 타작마당 위에 쌓아놓은 곡식처럼 이제 곧 타작하여 찌꺼기를 날려 보낼 일만 남아 있었다. 쭉정이, 죽은 가지, 또는 마른 그루 터기는 모두 재가 되어 날아갈 것이었다. 그러나 알곡은 남아 숨기고 저장되어 나중을 위해서 사용될 것이었다. 그 소중한 낱알들은 땅에 떨어져 죽어서 이 땅의 미래를 위해 추수할 곡식 이 되어 또 다시 아버지의 이름에 영광을 돌리게 될 것이었다.

01 한 알의 밀이 땅에 떨어져

사람의 시체가 분토 같이 들에 떨어질 것이며 추수하는
자의 뒤에 버려져 거두지 못한 곡식단 같이 되리라

– 예레미야 9:22

캄보디아가 겪었던 불행은 우리 시대에 가장 잔인했던 독재자가
공포로 다스렸던 나라들과 비교할 수 없을 정도로 심한 것이었다. 인류
사상 처음으로 나라 전체가 거대한 집단 수용소가 되었는데, 캄보디아
밖의 세상은 그것을 무시했다. 매장되지 않은 시체는 복수해 달라고 울
부짖었고, 살아 있으나 죽은 자와 방불했던 자들은 살려달라고 울부짖
었다. 그러나 아무 소용이 없었다.

| 버나드 레빈. 1976년 4월 22일자 타임지

우리가 지금 보고 있는 것은 과거 봉건 시대로부터 벗어나 그 백성들
의 사회적·정치적 관계를 새롭게 조직하고 개편하기 위해서 가혹하게
한 나라를 완전히 말살한 그림이다. 여기서 문제가 되는 것은 그 한 가
지 목적을 위해서, 그 새로운 청사진에 맞지 않거나 방해가 되는 것은

그 누구이고 그 무엇이든 간에 산산이 부숴버렸다는 것이다.

| 삐레 프랑소와 풍쇼, 「캄보디아 원년(Cambodiak Year Zero)」, 펭귄 1978

옹까러(최고 인민 회의)는 도시를 비우고 파괴하고 나서 인민이 다스리는 새로운 캄뿌치아가 탄생했다고 자랑스럽게 선언했다. '200년 이상의 캄보디아 역사를 사실상 바로잡았다.' 그 주장에 이의를 달기 어렵다. 며칠 만에 최고 인민 회의는 현대의 어떤 혁명 세력보다 더욱 빠르고 광범위하게 사회 전체의 흔적을 없애 버렸다.

| 존 바론과 앤서니 폴, 「온유한 땅의 살인(Murder of a Gentle Land)」,
리더스 다이제스트, 1977

오늘날 서양에는 도덕적 상대주의라는 개념에 수긍하는 경향이 있다. 즉 절대적인 악이 존재할 수 있고 실제로 존재한다는 사실을 인정하지 않으려는 것이다. 이 때문에 어떤 사람들은 캄보디아인이 경험한 것이 하나의 혁명적인 탈선보다 훨씬 사악한 것이었다는 사실을 받아들이기 어려워한다. 오류에 빠질 수밖에 없는 인간이 절대 권력을 가질 때, 치명적으로 강요되는 논리적 결론은 인간 중심의 무신론적 가치 체계이다. 그것은 막스처럼 권력을 가진 자가 정의하는 것이 도덕이라고 믿는 것이며, 마오와 같이 그 세력이 무력으로 커진다고 믿는 것이다.

| 데이빗 에익맨, 타임지 1978년 7월 31일

우리 들판을 밝게 뒤덮은 캄푸치아, 우리 조국의 붉은 피!
노동자와 농부의 숭고한 피, 남녀 혁명 전사의 숭고한 피!

4월 17일 혁명의 깃발 아래 그 피는
무자비한 증오와 결연한 투쟁으로 변하여
종살이에서 해방되었네!

| 크메르 루즈 애국가

후님은 저명한 크메르 루즈 장교였는데 뚜올슬렁에서 살해당했다. 그도 다른 동료들 처럼 50년대 말 60년대 초 파리에서 공산주의자가 된 사람이었다. 그는 당시 크메르 루즈 지하 조직에 8년 있었고 1977년 체포되기 전까지 크메르 루즈 정부의 정보부 장관이었다.

후님은 강제적으로 이렇게 '자아비판'을 했다. "나는 1957년 이래로 CIA 장교였으며 캄푸치아의 자본주의 건설을 위해서 일했다. 표면적으로는 '인민의 편에 선 완전한 혁명가'였지만, 사실 마음속으로는 완전히 미국 제국주의자의 수족이었다. 법학 박사 논문에서 취한 진보적인 입장은 나의 반혁명적이고 반역적이며 부패한 요소를 감추는 값싼 행동이었다. 봉건주의, 자본주의, 제국주의자로서 나는 인간이 아니고 짐승이다." 후님은 1977년 7월 산산이 찢겨 죽었다.

| 윌리엄 쇼크로스, 「자비의 질─The Quality of Mercy」, 사이먼과 셔스터, 뉴욕 1984

캄보디아는 완전히 재앙 그 자체였다. 2백만 명 이상이 죽어 나라가 피로 물들었다. 크메르 루즈는 무엇이나 사랑과 그와 같은 표현에 관련된 것, 즉 남편과 아내, 아이들, 가족, 친구, 문화와 종교 등에 대해서 편집증적인 증오심을 가지고 있었다.

| 엘리자베스 베커, 「전쟁이 끝났을 때」, 사이먼과 셔스터, 뉴욕 1986

크메르 루즈는 막스의 광신자였다. 그들은 황금빛 추수 밭을 붉은 피로 물든 죽음의 땅으로 만들었다.

| 하잉 응오르[*], 「킬링필드의 생존자」, 차토와 윈더스, 런던 1988

1975년 4월 17일 크메르 루즈 공산당이 프놈펜을 함락하여, 5년간의 긴 내전이 종식되었다. 그 동안 50만 명이 죽었다. 그러나 그 4월 아침 프놈펜 거리에서 축제를 벌이던 군중들이 기대했던 것과는 달리, 캄보디아의 고난은 그날로 끝난 것이 아니었다. 그 운명적인 날로부터 시작된 혁명은 너무도 무서웠고 반인간적이었으며, 말할 수 없이 과격한 것이었다. 모습을 보이지 않는 신막스주의의 신봉자들은 굶주려 움츠리고 있는 대중에게 옹까러(최고 인민 회의)라고만 알려져 있었다. 그 열심당원들은 재빨리 이론을 세워 이미 지난 5년간의 전쟁으로 완전히 지쳐 있는 인민들에게 교과서적인 혁명 공약을 따르도록 만들었다. 옹까는 뚫고 들어갈 수 없는 검은 고치 안에 7백만 전체 인구를 집어넣고 즉각적으로 공산주의 유토피아를 만드는 작업에 착수했다. 세상의 시선에 방해 받지 않고 일심으로 그 일에 몰두했다. 그 대가로 치룬 인간의 목숨만 해도 헤아릴 수가 없다. 2,3백만이 죽었으며, 수십만 명이 나라를 떠났고, 또 몇 천 명이 장애자가 되었으며, 수백만이 사랑하는 사람들을 잃어서 백성의 대부분이 과부와

---

[*] 하잉 응올은 영화 〈킬링필드〉에 기여한 바로 인해서 아카데미상을 받았는데 1996년 2월 로스앤젤레스에서 살해당했다.

고아인 나라가 되었다. 육체적, 정신적, 영적으로 전 세대를 얼마나 쇠약하게 만들었는지 그 정도는 결코 파악할 수 없을 것이다.

수 세기 전, 신성하여 다가갈 수 없는 앙코르의 브라만 제사장들이 왕으로서 농부와 노동자를 노예로 삼아 거대한 왕국을 다스렸듯이, 이 후대에 와서 옹까라는 계몽된 막스의 제사장 왕들은 텅 빈 금단의 도시 프놈펜에서 비굴한 농노가 자기 주인의 영광을 위하여 벼를 경작하고 관개 수로를 파서 저수지와 댐을 만드는 고생과 수고를 하였던 것과 같은 식으로 전국을 다스렸다. 3년 9개월 20일이 지났을 때 캄보디아는 뼈로 가득한 황무지, 총체적으로 지독히 황폐한 납골당, 일상생활이 고문과 죽음으로 점철된 곳이 되어버렸다.

지난 5년 동안 일어났던 영적 대 추수는 기쁘게 거둬들여 타작마당 위에 쌓아놓은 곡식처럼 이제 곧 타작하여 찌꺼기를 날려 보낼 일만 남아 있었다. 쭉정이, 죽은 가지, 또는 마른 그루터기는 모두 재가 되어 날아갈 것이었다. 그러나 알곡은 남아 숨기고 저장되어 나중을 위해서 사용될 것이었다. 그 소중한 낱알들은 땅에 떨어져 죽어서 이 땅의 미래를 위해 추수할 곡식이 되어 또 다시 아버지의 이름에 영광을 돌리게 될 것이었다. 추측컨대 아마도 캄보디아 인구의 30%, 캄보디아 교회의 90%가 1975-1979년 사이의 크메르 정권 시기에 사라진 것으로 본다.

1975년 4월 말, '해방된' 캄보디아의 모든 도시민들은 살던 곳에서 쫓겨나 전국의 마을로 흩어졌다. 전쟁으로 찢기고 황폐하게 된 시골 전역에는 온통 분뇨가 널려 있었다. 여기에서 사람들의 지친 몸과 마음을 정화시켜 모두를 위한 평등과 자유, 정의의 유토피아에 합당한 새로운 피조물로 다시 만들 계획이었다. 이것이 '최고 기구'―그 군대의 첫 구성원은 대부분 어깨에 총을 메고 있는 반 문맹의 십대이었다.―가 이루고 있는 화려한 새 세계였다.

수천 구의 매장되지 않은 시체가 흩어져 썩고 있었다. 그들의 몸은 먹이를 찾는 새와 야생 승냥이가 물어뜯었고, 귀중한 뼈는 버려져서 태양 아래 백화되고 있었다. 또한 그들의 소지품은 행인들이 이미 오래 전에 약탈해 갔다. 도시든 교외든 길에는 어디에나 폐기된 차와 수레가 가득했다. 그리고 이제는 아무 소용이 없어 사람들이 버린 지폐 다발이 한 때는 그것을 얻기 위해 그렇게 열심히 투쟁하며 노력하던 시체들 위에 펄럭이며 날아다니고 있었다.

마침내 마지막 사람들이 지척거리다가 냉혹한 현실을 직면하고 캄보디아의 들판과 숲을 향해서 이 죽음의 순례 길을 나섰다. 그들은 여기에서 옹까(최고 인민)의 '신성한' 약속을 받은 것이었다. 옹까의 숭고한 뜻에 의해 과거를 청산하고 헌신적인 옹까의 추종자가 되기 위해 교육을 받을 것이었다. 왜냐하면 당시에 옹까는 전능하고 지고하며, 오류가 없고, 아주 개화되었으며 길이고, 진리이고 생명이기 때문이었다.

그들은 이제 완전 검은 색으로 아무렇게나 만든 조끼를 입었다. 그러한 옹까의 모습으로 바뀌어야 했다. 그렇지 않으면 진노를 자초하여 죽음을 맞게 될 것이었다. '우리는 새로 태어났습니다. 옹까 덕분에!' 혁명의 찬가가 프놈펜 라디오 방송국에 울려 퍼졌다. 옹까 외에는 신이 없었고 폴폿이 그의 선지자라는 것이 새로운 믿음의 고백이어야 했다. 옹까의 사제들은 이렇게 예언하였다. 자기들이 모든 악한 자를 숙청하고 도회의 더러움을 깨끗이 씻어 내겠다. 그래서 딱 백만 명의 선택된 크메르 농부, 순수한 혁명 전사이며 대지의 참된 아들과 딸들인 그들을 해방하면, 700년 전 앙코르의 황금 시절에 누렸던 캄보디아의 영광과 특권을 회복할 것이라고 했다.

옹까는 도덕이 없는 거짓말을 근거로 해서 실제 법령을 만들었다. 그렇게 해서 켜켜로 쌓인 불순물 중 첫 번째 것을 재빨리 표면에 떠올려 그것을 '비듬(캄보디아에 필요 없어서 씻어 버려야 하는 불순물이라는 의미:역주)'이라고 부르며 새로운 나라 캄보디아에서 씻어내려고 했다. '시하누크 공이 영웅으로 받아들이려고 하는' 일 잘한 사람들과는 상관없이 계속해서 각 개인의 역사를 선동적으로 면밀히 조사하였다. 인민들은 심문과 선전 모임에 반복해서 불려 다녔다. 그들은 끊임없이 자아비판과 참회를 요구하였다. 그 누구도 옹까의 시야에서 벗어날 수가 없었다. 지식층, 감춘 책, 고운 손, 세련된 모습, 교양 있는 태도, 자세, 걸음걸이, 얼굴 표정 등을 유심히 살폈다. 옹까는 '반동'을 색출하기 위해 모든 것을 아주 면밀하게 조사하였다.

언제나 공포와 협박에 신경을 곤두세우고 있어야 했다. 사람들은 날마다 하는 일이 너무 힘들어서 건강을 잃었다. 굶주리고 약이 없어서, 삶이 파괴되었을 뿐 아니라 저항할 의지마저 상실했다. 많은 사람들이 그저 사라지거나 조용히 목숨을 끊었다. 아이들을 먼저 죽이고 자기들도 자살했다.

크메르 루즈는 처음에 지식인, 군 장교, 교수, 승려와 같은 종교 지도자, 선생, 문화적 정치적 지도자들을 숙청했다. 이들을 모두 한꺼번에 처형했다. 총살하다가 나중에 총알이 귀해지자 숲속에서 곤봉으로 때려서 죽였다. 동안(童顔)인 크메르 루즈 소년들은 살려달라고 애원하는 사람들에게 '우리가 죽이는 게 아니야. 옹까가 죽이는 거지.' 라고 비웃으며 대답하는 것이었다. 살인자들은 금언(金言)을 인용하며 재미있어 했다. '당신은 살아서 이로울 게 없어. 죽는다고 해도 잃을 것이 없지.' '드디어 당신들은 옹까에게 쓰임 받게 되었네. 밭의 거름으로 말이야.' 그들은 사악하여 자기들에게 괴로움을 당하면서 비굴하게 뉘우치는 모습을 보며 쾌락을 느꼈다. '자기들을 신으로 여기며 멸망시키려고 하는 대상을 먼저 정신이상자로 만들었다.'

대량학살을 할 때, 차례를 기다리는 남편들 뒤에 아내들을 일렬로 세웠다. 아내들의 괴로움은 말할 수가 없었다. 그 뒤에 남아 있는 죄인의 유아들을 그들은 잔인하게 손으로 찢거나 발목을 붙잡아 가까이 있는 나무에 메어쳤다. '나쁜 혈통'은 완전히 제거되어야 했다. 이 사형 장소는 보통 일터에서 멀리 있었지만 시체 더미는 썩어가고 무덤은 얕았기 때문에 사람들 눈에 곧 발견되었다. 먹을 것이나 땔감을 찾다가, 또는 소를 몰다가 그곳을 보고는 공포에 질리는 것이었다. 소름끼치는 무시무시한 이야기가 금방 퍼졌다. 크메르 루즈 중에는 태연한 얼굴로 피가 떨어지는 곤봉을 들고 활보하는 사람도 있었다. 그날의 살인에 대해 웃으며 자랑하기도 하였다.

옹까는 더 깊고 넓게 그물을 던지면서 조직적이고 완전한 전체 계획을 드러내고 있었다. 순서를 따라서 계급이 낮은 장교로부터 그 아래의 보병 군인, 그리고 대학생들까지 전부 쓸어버렸다. 옹까는 개인의 역사를 전부 기억하고 있었다. 그리 심하지 않은 죄를 고백하여 이전에 안전했던 사람이라도 나중에 전부 밝혀지면 숙청이 되었다.

옹까가 일시적인 변덕이나 악한 마음으로 '적'이라고 하면 모두가 학살 대상이 되었다. 1977년까지 이주한 도시민들은 전부 고의적으로 서서히 굶겨 죽이거나 처형하였다. 눈만 한 번 잘못 마주쳐도, 또 중얼거리거나 그 태도가 마음에 들지 않으면, 일을 다 마치고 나서 바로 그 날 밤이 되기가 무섭게 가까운 숲으로 끌려가는 것이었다.

그들은 어떤 것을 어떻게 하면 가장 잘 만들 수 있는지를 그저 말하게 하여 많은 사람들이 무심코 자기 신분을 드러내도록 꾀를 썼다. 그런데 그것을 다 만들고 나면 그렇게 열심히 일하던 사람들이 사라지는 것이었다. 스파이인 츨롭이 고발하여 그 정체가 드러나는 사람도 있었는데, 그런 스파이들은 대개 그저 어린 아이들로 어디에나 있는 옹까의 귀와 눈이었다. 그들은 심지어 밤에 초가로 된 남의 집 아래에 기어 들어가서 잠자리에서 작은 소리로 비밀리에 말하는 것까지 들었다. 부모로부터 떼어낸 이 아이들은 이제 옹까를 자기 부모이며 공급자인 것으로 알고 있었다. 이 조숙한 아이들의 어린 지혜와 분별력으로 '반혁명분자', 'CIA 첩자,' 그리고 다른 여러 형태의 '비듬'들을 다루는 것이었다.

크메르 루즈에게는 다른 정보통도 많이 있었다. 그들은 사람들과 어울려 살면서 보고 들은 모든 것과 거기에 자기 말을 덧붙여 옹까에게 보고하였다. 그런 경우 대개는 사랑하는 사람을 구하기 위해 협박받은 사람이 정보 제공자로 변하는 비극적인 일이 자주 발생했다. 사랑하는 사람을 구하기 위하여, 절실하게 필요한 음식이나 약을 얻기 위하여 그러한 것을 풍성하게 가지고 있는 크메르 루즈의 스파이가 되는 가엾은 상태에 빠지는 것이었다. 이러한 적자생존의 원칙, 정글의 법칙이 지배하는 상황에서 어떤 사람은 그 상황을 이전 원한을 갚거나 복수하는 기회로 삼았다. 기독교인은 오랫동안 그들의 반감을 사고 있었기 때문에 특히 공격을 당하기 쉬운 존재여서 많이 배반을 당했다.

미리 경고하는 법도 거의 없었다. 감옥에 잡혀 가면 보통 끔찍한 고문을 못 이겨 사람들의 이름을 대고 자아비판을 하다가 결국 죽는 것이었다. 실수를 하면 그것이 크건 작건 간에 그 벌은 단 한 가지, 곧 죽음으로 끝났다. 수천 명이 한 사람 씩 한 사람씩 괭이와 곤봉으로 맞아 죽거나 총으로 죽었다. 독살도 당했고, 불에 타 죽기도 했으며, 머리에 고무봉지를 쓰고 서서히 질식해 죽기도 했다. 목만 내놓고 산 채로 묻혀 붉은 개미에게 먹히거나, 강과 우물에 빠뜨려 죽일 때, 마을은 며칠 동안 그들의 비명과 울부짖음으로 가득 차는 것이었다. 나무에 묶어 놓거나, 족쇄를 채운 채 방에 두어 굶어 죽게 했다. 악어의 먹이가 되기도 했고 톱으로 천천히 머리가 잘리기도 했다. 목 졸려 죽고, 산 채로 불에 타 죽었으며, 전기 충격으로 죽었다. 말뚝에 묶어 배를 가르고, 문에 대고 못을 박았으며, 정맥을 자른 채 버려두어 서서히 피를 흘리면서 죽게 했다. 그 외에 너무 끔찍하여 기록할 수 없는 방법도 수없이 많이 있었다.

처형 방법 중 아주 사악한 의식으로까지 변형된 것이 있었는데 살아 있는 사람의 간을 잘라내어 먹는 것이었다. 죄인으로 지목된 자의 옷을 벗겨 기둥에 묶고 뒤에서 등 아래를 칼로 찔러 비틀어 돌려서 간을 꺼냈다. 희생자가 비명을 지르며 구부러지는데 몸은 아직 죽음의 고통 속에서 떨고 있었다. 크메르 루즈는 그 앞에서 간을 기름에

요리해서 힘이 세어지기 위해 먹었다. 이런 종류의 살인은 옛날 정령 숭배를 하던 크메르의 잔인한 의식으로 악마적이라고 밖에 이해할 수 없는 것이었다. 비록 공식적으로는 '반동 종교'라고 눈살을 찌푸리기는 해도, 그것이 이 잔인한 크메르 루즈의 부분적인 세계관이었다. 대부분 반(半) 문맹 농부였던 이들은 프랑스 대학에서 그들의 중간 계급 리더들이 받아들였던 막스주의의 과학적이고 물질적인 합리주의를 훨씬 지나쳐 간 것이었다.

여성을 고문하고 처형하는 방법은 여성을 천대하고 경멸하던 그들의 생각을 그대로 드러내는 것으로 너무도 역겨워서 말할 수도 없다. 죽음의 명단에는 창녀, 좀도둑, 마약 중독자, 그리고 나병과 같이 치료가 불가능한 환자들이 있었다. 이 모든 사람들을 깨끗하게 처리하였다. 그들은 새 캄보디아를 위해서 옹까에게 '밭의 거름'으로서 필요했던 존재였다.

이런 식으로 조직적으로 학살당했던 거대한 수의 인구 외에 수십만 명이 또 기아와 결핵, 콜레라, 말라리아, 그리고 설사와 같은 전염병으로 죽었다. 그들은 현대 서양 의학을 금지했다. 건강을 돌본다는 의료인들은 몇 명 되지 않는 무뚝뚝한 크메르 루즈 아가씨들로 거의 훈련이 되어 있지 않았다. 그들은 더러운 진료소에서 풀로 된 치료약을 조제해 주었다. 코코넛 우유를 더러운 주사기로 놓거나 코카콜라를 포함한 기괴한 혼합물을 약이라고 나누어 주었다. 그곳에 있는 사람 중에 환자를 고치겠다거나 생명을 구해야겠다는 사람은 거의 없었다. 죽어가는 사람 수십 명이 진료소 공간을 가득 채우고 있었지만 위로해 주는 사람도 없었다. 이 '진료소'들은 모두 그저 깡마르고 뒤틀려 죽음으로 가는 길목에 있는 집일뿐이었다. 그래서 사람들은 진료소를 재앙으로 생각하고 아무리 심각하게 아파도 그곳에 가지 않았다.

옹까 치하에 있던 1975년 음울하던 첫 해의 끝 무렵, 노동력이 또 대량 이주하였다. 10월, 11월에 십만 명 이상의 병약한 사람들이 또 다시 있던 곳에서 들판으로 내몰렸다. 혼잡한 기차 차량과 트럭에 끼어서 소떼처럼 나라의 북서쪽으로 이동하였다. 그들은 주로 바탐방에 재배치되었는데 그곳은 쌀의 곡창 지대로 일 년 농사의 수확을 앞두고 있었다. 크메르 루즈 치하에 있던 사람들은 이 첫 추수를 간절히 기다리고 있었다.

캄보디아의 추수철은 전통적으로 낙천주의, 축제, 연애, 그리고 너그러움이 만연하는 시기였기 때문에 이제 정신적으로나 육체적으로 어렴풋하게 희망을 가지고 있었다. 그런데 추수 때가 지나면서 그러한 희망도 잔인하게 무너졌다. 옹까의 트럭이 와서 알 수 없는 곳으로 전부 가져가 버렸다. 희망이 무너진 사람들에게는 오직 쓴 맛과 고통밖에 남지 않았다. 마침내 그들은 살아남기 위해서는 야망, 희망, 감정을 모두 버리고 모든 에너지를 그저 날마다 그날 하루 사는 것에 집중해야함을 배웠다. 그저 한 걸음씩 내딛으며 귀와 입을 막고 좌우를 쳐다보지 않으면서 살아야 했다. 옹까에게 희망을 갖는 것은 파멸이었고, 심지어 배우자나 형제를 믿는 것도 잠재적인 자멸로 치닫는 길이었다.

옹까가 다스린 지 몇 달 밖에 되지 않았고, 죽음의 언저리에 있던 사람들은 소문을 들을 기회가 없었기 때문에 이 두 번 째 이동에 마지막 지푸라기 같은 희망을 걸고 있었다. 많은 사람들이 쇠약해졌고, 또 혼란한 와중에 사랑하는 사람들과 비극적으로 헤어졌으며 가장 기본적인 인간의 필요는 무시당하고 있었다. 그래서 북쪽으로 가면서 죽은 사람의 무덤은 높아만 갔고, 결국에는 썩고 있는 인간의 잔해를 바탐방 들판에 쏟아 놓게 되었다.

그러는 동안 금단의 도시 프놈펜에 있던 옹까들은 열을 내어 혁명을 굳히는 작업을 하고 있었다. 2,3백만의 인간 쓰레기를 치우는 불결한 작업과 함께 반격의 위협도 전부 과거 일이 되어버리자, 이제 크메르 루즈 정치국의 배후 인물들은 슬그머니 나와서 유령 도시를 차지하고 살았다.

1975년 9월 8일, 시하누크가 프놈펜에 돌아왔다. 망명 중이던 그의 내각은 대부분 해방된 조국에서 죽음을 맞으니 차라리 프랑스로 갔는데, 그것은 현명한 선택이었다. 공산주의의 승리 이후로 그는 그 불쾌한 정권을 옹호하며 교묘하게 잘 행동하고 있었다. 1달 후 열린 UN 총회에서 태국으로 도망 나온 캄보디아 피난민이 노예적인 노동 환경과 대량 학살을 폭로하자 시하누크는 이를 완강히 부인했다. 이 정권의 외무부 장관이었던 렁사리도 피난민이 거짓말하는 것이라고 주장했다. '인도주의적인 이유로 수도의 주민은 피 흘림 없이 아주 질서 있게 이동했다.'

서양의 언론도 대부분 이런 소식을 지지했다. 그 이유는 당시에는 미국의 가장 나쁜 면과 크메르 루즈의 가장 좋은 면을 믿는 것이 정치적으로 옳았기 때문이었다. 그리고 사람들이 들끓고 있는 태국 국경 수용소에 있던 엘리트 지식인들은 피난민의 비참한 이야기들을 공공연하게 비웃고 있었다. 그래서 크메르 루즈 치하의 가공할 실상이 아직 널리 알려지지 않고 있었다.

한편 시하누크는 아름다운 아내 모니크를 대동하고 줄 위의 꼭두각시처럼 운명에 몸을 맡기고 있었다. 그에게는 최소한 친미 정권을 타도하고, 자기를 전복시킨 론놀 일당을 굴복시켰다는 개인적인 만족이 있었다. 그에게는 이것이 가장 중요했다. 아마도 이 복수의 단맛 때문에 자기가 너무도 잘 알고 있는 쓰라린 현실을 감추었을 것이다. 시하누크의 직계 가족 중에도 자기 아이들을 포함해서 크메르 루즈에게 끌려가 죽은 사람이 많이 있었다. 그러나 그 사람 자신은 사악한 현 정권의 대중적인 관계와 선전의 목적 때문에 왕궁에 갇혀 목숨을 부지하고 있었다. 필요하기만 하면 당장이라도 데려다 쓰려는 것이었다. 그는 1976년 4월 4일 '정치 무대에서 완전히 그리고 영원히 은퇴'할 때 '위대한 애국자'라는 영예로운 칭호와 매년 미국 돈 $8,000의 너그러운 '연금'을 받았다. (그가 어떻게 화폐가 무용지물이 된 나라에서 갇힌 몸으로 그것을 썼는지 분명하지 않다.) 1976년 1월 5일, 그는 '민주 캄푸치아'의 새 헌법을 축복했는데, 그 안에는 국가의 수장을 위한 지급 조항은 없었다.

'해방' 후 몇 달 간, 파리에서 공부하던 캄보디아 지식인 수백 명과 미국에서 군사 훈련을 받고 있던 사람들이 귀국했다. 시하누크 공의 귀환에 격려를 받기도 하고, 크메르 루즈가 영웅으로 환영하겠다고 약속하며 유혹했기 때문이었는데, 그들은 국가적으로 새롭고 혁명적인 무언가가 이루어질 것이라는 생각에 들뜬 마음으로 기대하며 돌아왔다. 물론 고향 생각 때문에 돌아오기도 하였는데, 귀환자 중 즉시로 처형당한 사람들은 행운이었다. 다른 사람들은 고문과 멸시 속에 수감되어 동물 취급을 당했다. 살아남은 사람은 열 손가락에 꼽을 정도였는데, 태국까지 도망 온 용감한 사람이 한두 명 있어서 이 괴물 같은 기만에 대한 이야기를 들을 수 있었다.

1976년 1월 3일, 거대한 팡파르를 울리며 새로운 법령이 선포되었다. 제 20항에는 이렇게 명시되어 있었다. '모든 캄보디아인은 어떤 종교든지 믿을 자유가 있다. 다만 민주 캄푸치아(캄보디아)에 해가 되는 반동 종교는 엄격히 금한다.' 이것은 본의와는 다른 거짓말이었다. 그 후로 심지어 불교까지 포함한 모든 종교 행위가 금지되었다. 새 국가에는 오직 한 가지 종교만이 있을 뿐이었다. 옹까라는 새로운 공포의 신이 권력을 쥔 것이었다.

그들은 새 시대가 온 것을 기억에 남도록 하기 위해 중국 호위병 취향의 춤과 노래로 진부한 의식을 거행했다. 그렇게 하여 옹까의 위대함을 억지로 찬양하게 했다. 각 공동체의 현지 제사장 격인 크메르 루즈 요원은 관념이 순수하고 다른 사람보다 더 거룩해야 했다. 바른 어휘에 유창하고 최신 구호에 정통해야 살아 남을 수 있었다. 실제적인 기술 지식은 부차적인 문제였다. 그래서 다시 수 세기 전 다가갈 수 없던 제사장 왕(그로 인해 국가가 경제적으로 몰락했지만)의 영광을 위해 징집한 노동력으로 지은 앙코르의 거대한 절처럼 옹까의 명령으로 건설된 웅장한 관계 수로와 댐은 수만 명의 목숨을 앗아갔으면서도 미완성인 채 한 번도 작동되지 못했다. 이전 신이었던 왕들은 최소한 후손에게 아름다운 기념물이라도 남겼다. 옹까는 비용만 들여서 쓸데없는 대(大) 건축물을 반쯤 짓다 말았다. 흙더미와 구덩이만 남아 그것을 짓던 사람들의 무덤 더미로 쓰였을 뿐이었다. 캄보디아인들은 제정신이 아닌 옹까의 건축물 때문에 목숨을 바쳤을 뿐 아니라, 날마다 집회에 참석하여 웃기는 구호를 되풀이하고 허풍떠는 거짓말에 박수를 쳐야 했다.

1976년에 옹까는 더욱 냉정하게 족쇄를 죄어 가정을 파괴하였다. 모든 개인, 가정, 종교 가 완전히 파괴되었다. 사람들은 단순히 쓰다가 버리는 소모품이었다. 주입식 집회가 강화되었고, '불온한' 자들의 숙청이 광범위해졌으며, 영적 어두움과 절망이 심화되었다. 들판에서 이제 '일할 때', '울 때', '조용히 해야 할 때', 그리고 '죽어야 할 때'가 되었다.

논과 관개 시설을 위한 힘든 노동은 심지어 강인한 농부라도 녹초가 되는 일이었다. 그러니 더구나 도시에서 쫓겨나온 수백만의 추방자들에게는 참을 수 있는 한계 이상이었다. 그들에게 배급되는 쌀은 연유 통 하나가 이틀 분이었기 때문에, 매끼 묽은 죽으로 연명했다. 보통 캄보디아인들은 이러한 통 하나에 가득한 밥을 하루에 세 번 먹었다. 성인 일군에게 한 달에 필요한 쌀의 양은 20kg 정도였다. 그들은 아침 6시부터 저녁 늦게까지, 어떤 때는 어두워지고 나서 달빛 아래에서도 일을 했다. 그리고 나서 또 야간에 있는 정치 교화 집회에 참석해야 했다. 쉬는 날은 하루도 없었다.

표준 이하의 사람들은 파리처럼 죽었다. 그것이 옹까의 의도였다. 살아 있는 사람들은 걸어가는 해골 같았고 허약한 사람들은 나무 가지를 잘라서 지팡이처럼 의지했다. 피부는 염분 부족으로 검게 타들어갔다. 그리고 뼈만 남은 몸에 걸친 누더기는 검은 옷이어야 했는데 그것은 그들이 곧 들어갈 무덤까지 입고 갈 수의였다. 현재 그들은 온통 찢겨 피나는 손으로 조잡한 도구를 가지고 대나무 가시와 엉킨 덤불을 치우면서 멍에를 멘 동물처럼 밭을 갈고 있었다. 이미 힘들게 추수하다가 옹까의 무거운 발꿈치 아래에 짓밟혀 먼지가 되어버릴 어두운 가능성은 언제나 가까이 있었다. 구역질나는 그 죽음의 냄새가 어디에나 있었다. 사방에서 불어오는 미풍에 실려 오는 것이었다. 그들의 머릿속에는 관을 못질하는 둔탁한 소리가 끊임없이 울리고 있었다. 그들은 산 채로 매장되어 가고 있었다.

움푹 들어간 눈을 들기만 하면 반드시 그곳에 무장을 한 옹까의 어린 제사장이나 신녀가 잘 먹어 통통한 모습으로 초연하게 그들을 지켜보고 있었다. 머리 위에는 '민주 캄푸치아'라고 쓴 붉은 깃발이 나부끼고 있었다. 그 깃발은 멀리 떨어진 빌딩에서, 또는 이른 아침 지나간 일터 근처에서 조롱하듯이 휘날렸다. 그리고 징 소리가 울리면 '충성스러운 혁명 노동자와 농부들'은 고통스러운 잠에서 깨어나 훤히 통달하고 있는 '계몽된 존재'를 위해 일해야 했다. 그 존재는 더 이상 부처가 아니라 최고 위원의 조직인 옹까러였다. 그런데 옹까는 결코 만족하는 법이 없었다. 더 열심히 일하고 더 희생을 하며 자아 비판도 더 하라고 계속 다그쳤다. 집단촌마다 높이 매달린 스피커에서 스스로를 높이는 찬가, 무섭게 잘못되어 가고 있는 혁명의 가사가 시끄럽게 울려 퍼지고 있었다. '자기들이 노동자라는 긍지가 말할 수 없는 기쁨을 주었고 그들은 방금 다시 태어난 것처럼 행복해 했다'는 것이었다.

크메르 루즈의 손에 넘어가서 1년이 지나자 캄보디아는 악취를 풍기는 물구덩이와 썩어가는 시체와 분뇨로 불결한 황무지가 되었다. 더 이상 인간이 아니라, 앙상한 검은 수탉들이 가공할 힘을 가진 자의 명령을 따라 굽실거리며 고통스럽게 사는 나라가 되었다. 그들은 퀭한 눈으로 양식을 찾아 앞에 있는 땅을 긁어 파고 있었다. 더러운 곳에서 뱀, 게, 그리고 가끔씩 나오는 도마뱀을 찾는 것이었다. 여기에서 거친 나무뿌리를 갉아먹기도 하고, 저기에서 수치도 모른 채 아직 매장하지 않은 자기 식구 시체를 먹는 것이었다.

그 비참했던 1975년 4월과 5월, 즉시 도시를 떠나라는 명령을 받고서 대부분이 새 신자였던 기독교인 수백 명은 어리둥절해 하며 사람으로 붐비는 고속도로를 동료들과 함께 터벅터벅 걸어갔다. 다른 대가족이나 상인들처럼 그들도 자기 가족, 자기 교회 성도들과 떨어지지 않으려고 애를 썼다. 그러나 도시에서 갑자기 사람들이 쏟아져 나오기 때문에 무리에 휩쓸리는 경우도 있었다. 길가는 쓰레기 천지였다. 그 모든 것이 온 나라의 강과 시냇물에 흡수되었다.

레악 예아 목사와 그와 함께 가던 베들레헴 교회 성도들도 이제야 다른 사람들처럼 자기들이 속은 것을 알게 되었다. 다시는 돌아가지 못할 길이었다. 크메르 루즈가 총을 휘두르며 그들을 보호하기 위해서 3일 간 여행하는 것이라던 말은 거짓이었다. 그들은 길고 긴 광야 길을 이제 막 걷기 시작한 것 뿐이었다. 그들에게는 앞으로 다가오는 길고 긴 가뭄에 물댄 동산과 오아시스의 풍성한 영적 공급이 필요하게 될 것이었다.

크메르 루즈는 성경 학교차를 징발해 갔다. 베들레헴 교회 성도들이 짐과 아이들, 환자들을 운반하고 있던 밴이었다. 다른 사람들은 느리게 가는 차 곁을 따라서 걸어갔다. 시간이 지나면서 사람들은 알고 있는 마을로 가거나 잃어버린 가족을 찾아서 서로 헤어져 다른 방향으로 갔다. 그들은 모두 길가에 있는 가까운 절에서 한 밤을 함께 지내며 인도해 달라고 기도를 드렸다. '당신께서 택하신 곳으로 가도록 우리 걸음을 인도해 주시옵소서.'

차우 우트 목사는 북쪽 시엠립 방향으로 갔다. 통역이며 훌륭한 설교자이자 교회 지도자였던 손 손네와 다른 몇 가정은 바탐방으로 갔다. 이들은 메콩 강을 건널 때 재앙을 만났다. 타고 있던 배가 전복이 되어 많은 사람이 죽었는데, 그 중에 손 손네의 어린 아들들도 있었다. 성도들은 물속에서 그 작은 몸들을 건져내었다. 그리고 위대한 하나님의 사람이 자신의 소중한 꿈이었던 세 아들을 묻는 것을 지켜보았다. 남은 사람들도 모두 기아와 병으로 죽었던 것으로 보인다.

레악 예아와 가족은 이제 홀로 낮에는 길을 가고 밤에는 나무 밑에서 잤다. 아내가 열이 나고 너무 지쳐서 더 이상 갈 수 없게 되자, 크메르 루즈는 그들을 다른 모르는 사람들과 함께 모터보트에 태워 로가공으로 보냈다. 이곳은 송 아주머니가 몇 년 전 잠시 사역을 하던 곳이었다. 이 익숙한 환경에서 이틀을 지내면서 예아는 이곳에 살던 성도 몇 가정이 어떻게 되었는지 궁금했다. 그러나 다시 길을 떠나야 했다. 오래 동안 힘들게 걷다가 배를 타게 되어 기뻤다. 깜뽕참 항구를 거쳐 북쪽을 향하다가 마침내 끄라쩨 성의 국경 가까운 곳에 짐을 내렸다.

그들은 여기에서 1년을 비교적 평안히 살았다. 길에서 멀리 떨어진 깊은 광야여서 처녀림을 개척하는 것과 같았다. 그곳에 채소를 가꾸고 벼를 심었다. 예아는 아직 성경을 지니고 있었기 때문에 날마다 한적한 장소를 찾아 앉아서 꺼내 읽었다. 물소를 방목하는 일을 맡았을 때 주로 할 수 있는 일이었다. 예아는 자기가 손에 들고 있는 하나님의 말씀을 읽고 묵상했을 뿐 아니라, 창조주 하나님께서 풍성하고 부요하게 만드신 아름다운 자연도 감상할 수 있었다.

장마 후 물소가 먹을 목초가 풍부해지자, 레아도 자신의 갈한 영혼에 새로운 은혜를 흠뻑 들이마실 수 있었다. 숲에는 강력하고도 빛나는 빛과 생명의 안무가 벌어지고 있었다. 햇빛과 그림자로 인해 무수한 녹색 잎들이 현란하게 춤을 추고 있었다. 새들의 광시곡이 공기를 채웠다. 고요한 이른 아침, 반짝이는 이슬이 거미집의 가는 줄에서 떨리는 모습이 마치도 무성한 고비에 어울리게 세공한 귀한 보석 같았다. 작은 곤충들이 밝아오는 아침 빛을 향해 춤추듯이 위로 올라가고 있었다. 그 위에 넓게 보이는 창공에는 사이좋은 호도애(비둘기 일종)들이 그곳에 자라는 베리를 먹어 포동포동 살이 찐 모습으로 이 가지 저 가지로 서투르게 날아다니고 있었다. 숲의 끝자락에는 바둑판 모양의 물 댄 논에 광대한 하늘이 투영되고 있었는데, 그곳에서부터 가끔씩 벌레를 먹고 있던 제비가 다시 우아한 모습으로 창공을 향해 날개 쳐 오르는 것이었다. 제방을 따라서 제비들이 향기로운 초장 사이에서 서로 다투며 뒹굴고 있었다. 논의 단조로움과는 달리 끝이 뾰족한 사탕수수는 원광에 감싸여 부채 모양의 잎과 대조가 되었다. 사방에 펼쳐져 있는 낮은 언덕과 흰개미 무덤 위에서 대나무의 잔가지들이 파도치고 있었다.

멀리 있는 뒷산이 석양으로 물들 무렵이면, 예아는 물소 떼가 밤을 지낼 수 있도록 한 곳으로 몰아 마을로 데리고 갔다. 그러면 작은 생물들이 단조롭게 노래하는 소리가 가는 길 내내 따라오는 것이었다. 그럴 때마다 예아는 다시 한 번 하나님께서 천지를 창조하시던 장엄한 장면의 말씀을 상고했다. '태초에 하나님이 천지를 창조하시니라…… 보시기에 아주 좋았더라.' 이 사실을 알았기 때문에 그는 약해지지 않고 계속 나아갈 수 있었다.

캄보디아에서 위대한 믿음의 사람들이 이 무서운 4년 동안 수치스럽게 보이는 죽음으로 죽었지만, 그 중에 몇은 하나님의 섭리 가운데 기적적으로 살아 남았다. 하나님께서 숨겨두셨다고 하는 것이 그 상황을 가장 잘 묘사한 말일 것이다. 마지막 전국 교회 회장으로 뽑혔던 레악 예아가 그 대표적인 사람이었다. 1976년 동안 양식이 떨어져 그 주변에 있던 사람들이 기아와 병으로 죽어가기 시작했을 때 예아와 그 가족은 끄라쩨 성으로 이동을 하였다.

그곳에 도착하자 예아는 갑자기 자기 목숨이 염려되었다. 그곳에 크메르 루즈 요원들과 같이 앉아 있는데 익숙한 얼굴이 있었다. 그의 이름은 뽄이었다. 프놈펜에서 알던 사람이었는데, 그가 크메르 루즈인 줄은 몰랐다. 크메르 루즈와 많은 그의 동조자들처럼 뽄도 겉으로는 보통 사람처럼 살면서 사실은 스파이였다. 예아는 공산주의자들이 얼마나 기독교인을 싫어하는지 알았기 때문에 캄보디아 복음 교회 회장이었던 자기의 정체를 알고 있는 그를 보면서 위험을 느꼈다. 그곳에서 그런 사람을 만나리라고는 꿈에도 생각하지 못했던 일이었다. 자기가 고발을 당해서 죽게 되는 것은 단지 시간문제일 뿐이었다.

예아는 뽄으로부터 적대감 대신에 호의를 받을 수 있게 해 달라고 열심히 기도했는데, 주님이 그렇게 해 주셔서 예아는 말할 수 없이 기뻤다. 뿐은 예아의 나이와 지혜에 존경심을 보이며 아주 친절하게 대해 주었다. 더구나 예아와 따로 만나 하나님을 믿는 것에 대해 질문을 하는데, 영적 진리에 대해서 깊이 갈급해 하는 것이었다. 예아는 경험을 많이 해보았기 때문에 캄보디아 불교도의 마음을 잘 이해하면서 온유한 마음으로 이 크메르 루즈 요원에게 주 예수 그리스도를 증거하였다. 그 동안의 시간은 예아에게 있어서 마치 사자의 입에 자기 목을 넣고 있는 것과도 같았다. 어떤 순간에라도 상황이나 기분이 달라지면 이 생각 많은 크메르 루즈가 자기를 죽이는 자로 돌변할 수도 있기 때문이었다.

시간이 지나면서 예아는 자신감이 생겨 뿐에게 감추어 두었던 성경도 보여주었다. 성경은 옹까에게 엄격히 금지된 책이었다. 이제 창조주이시며 구세주이신 하나님과 예수 그리스도를 중심으로 한 하나님의 계획을 더 온전하게 설명할 수 있었다. 한 번은 공산 혁명의 철학과 '조직'의 생각에 대해 토론을 벌이다가 예아는 사도행전 4:32-35절을 펴서 보여주었다. 초기 기독교인들이 '마음이 하나 되어' 아무도 자기 재산을 자기 것이라고 하지 않고, 청지기로서 하나님으로부터 받은 것으로 여겨, 자발적으로 기쁘게 모든 것을 나누어 썼기 때문에 아무도 궁핍한 사람이 없었다는 이야기를 해주었다. 젊은이는 놀랐다. 예아는 웃으며 말했다. '이보게, 나도 18세에 예수님을 믿고 그 후 거의 30여 년 동안 그렇게 살았다네.' 뿐은 밝게 미소를 지으며 이렇게 말했다. '할아버지는 우리 중 그 어떤 사람보다도 더 일찍부터 혁명의 길을 걸어오셨네요!'

그렇게 이 현명하고 연로한 '혁명가'는 손에 성경을 들고 뱀처럼 지혜롭고 비둘기처럼 순결하게 뽄과 그 이외 더 많은 옹까 혁명가들에게 기회가 있는 대로 복음을 전했다. 그러나 예아는 누가 질문을 할 때만 대답을 하려고 주의하였다. 누가 묻지 않을 때는 그저 자기 마음의 평화를 지키고 있었다.

크메르 루즈 중에는 잔혹 행위를 하는 사람과 함께, 소수이지만 높은 이상과 원칙을 가진 사람도 있었다. 이들은 순수했고 이상주의자였으며 좌익 지성인들이었다. 그리고 캄보디아에 너무도 오래 동안 고착되어 있었던 부패와 착취를 혐오하던 순수 국수주의자들이었다. 이 사람들은 진심으로 외형을 획기적으로 바꾸면 사회가 정의로워질 것이라고 믿었다. 그러한 사람들은 혁명이 택하고 있는 광란스러운 방향에 금방 환멸을 느꼈다. 대부분은 그저 두려워서 충성스럽게 남아 있으면서도 비밀리에 사람들에게 미리 말해 주어 죽음을 피하게 했고, 참된 혁명의 정신으로 아픈 자와 배고픈 자를 위해 할 수 있는 일을 했으며, 굶주린 농부가 금지된 과일을 따 먹을 때 눈감아 주었다.

그들은 후에 태국으로 망명했을 때, 대량학살이나 굶주림을 다스리는 수단으로 사용했던 것을 일절 부인했다. 그럴 수도 있었다. 지나치게 잘못되어가는 혁명의 악행에서 자신들을 멀리하려고 애쓴 사람도 있었기 때문이었다. 그러나 그들은 1978년 옹까가 미친 듯이 '반혁명주의자'와 'CIA와 베트남'의 앞잡이를 골라 낼 때 대부분 숙청되었다. 1979년 후반 크메르 루즈들이 패배하여 기가 죽은 상태로 태국으로 피난 가게 되었을 때, 그들 수천 명은 그곳에서 자기들이 오랫동안 찾고 있던 진리와 정의에 대한 해답을 복음 안에서 발견하였다.

정말로 하나님의 일은 역설과 불가사의로 가득하다. 치어나 손 손네와 같이 캄보디아 교회의 뛰어났던 지도자들은 죽거나 배반당하게 하신 반면, 또 어떤 사람들은 천사를 보내 기적적으로 보호하여 원수의 목전에서 잔칫상을 베풀어 주기도 하셨다.

히브리서 11장의 '명예의 전당'에 묘사되어 있는 일들이 캄보디아 교회에도 있었다. 어떤 사람은 '사자들의 입을 막기도 하며, 불의 세력을 멸하기도 하며, 칼날을 피하기도 하며, 연약한 가운데서 강하게 되기도' 했지만, 다른 사람들은 고문을 당했다. '또 어떤 이들은 조롱과 채찍질뿐 아니라, 결박과 옥에 갇히는 시련도 받았으며, 돌로 치는 것과 톱으로 켜는 것과 시험과 칼로 죽임을 당하고, 양과 염소의 가죽을 입고 유리하여 궁핍과 환난과 학대를 받았는데' 이런 사람은 세상이 감당치 못하였다.

발전도상국인 제 3 세계의 교회에서 성도는 건강과 번영을 축복으로 받아야 하며 받게 될 것이라는, 풍요한 서양에서 나온 가르침이 인기를 얻고 있다. 그러한 가르침은 듣기에는 좋고 멋있지만 완전히 왜곡된 것이다. 사실 캄보디아의 성도들은 성경 시대처럼 광포한 학대를 받으면서도 거룩한 열정 속에서 불에 타 죽기도 하고, 세상이 필요로 했을 때 아까운 목숨을 내주기도 했다. 그들은 고난당했을 뿐 아니라 개처럼 죽었다. 땅에 있던 그들의 육신 장막은 묻히지도 못한 채 버려졌다. 이들은 살든지 죽든지 옛 선지자와 사도의 반열에 서 있던 사람들이었고 주님이 이중(二重) 복(福)으로 축복하시던 사람들이었다.

우리의 모두 그리스도의 의로 변화시켜 주는 십자가가 멸망당할 자들에게는 죽음의 냄새여서 꺼리는 것임을 알아야 한다. 기독교인으로 바르게 살기 때문에 개인이 받는 고난도 있는 것이다. 하나님의 말씀이 그것을 보증한다. 하나님은 우리에게 고난을 허락하시는데, 그것은 우리의 믿음과 순종 등 하늘 시민으로서 갖추어야 할 마음을 길러준다. 캄보디아 성도들이 경험한 것처럼 어떤 고난이라도 자녀인 우리를 그리스도 안에 있는 하나님의 사랑에서 끊을 수는 없다.

1979년 초까지 크메르 루즈 통치의 남은 기간 동안, 레악 예아와 그의 가족은 하나님의 보호하시는 손길 아래 공급을 받으며 안연히 살았다. 다른 사람들은 노동하다가 밭에서 죽기도 했지만, 그는 인간보다 더 겸손한 하나님의 피조물인 소와 물소를 돌보는 책임을 맡아 있었다. 그는 날마다 짐승들을 끌고 울창한 삼림 근처 조용한 곳으로 찾아 나왔다. 그리고 하나님께서 창조하신 그곳에서 거룩한 교제를 나누었다.

홈처럼 예아도 하나님이 창조주이시라는 사실을 기반으로 믿음과 사랑을 키워 왔다. 그분께서 만드신 주변의 다양한 창조물들과 눈으로 보고 손으로 만질 수 있는 그 아름다움이 더욱 풍성한 믿음과 사랑을 갖게 하는 것이었다. 1974년 내가 처음으로 캄보디아에 왔을 때 예아는 나에게 태초에 하나님이 천지를 창조하셨다는 창세기 1장 1절 말씀을 먼저 전하라고 하면서 '여기에서 복음을 전하실 때는 창조주 하나님을 먼저 전하는 것이 좋아요.'하고 충고하였다. 지금 예아는 자신이 창조주의 형상대로 지음 받은 피조물로서, 그분이 있으라고 하신 고독한 초장에서, 소떼를 돌보면서 그 말씀으로 생명을 유지하고 새로워지고 있었다.

예아는 수 년 동안 외워 왔던 성경 말씀을 여기에서 되새기면서 새로운 깨달음을 얻었다. 시편 23편의 말씀이 꼭 자기의 간증과 같았다. 여기 푸른 초장에서 주가 주시는 꼴을 먹으면서 아무 부족함이 없었다. 비록 죽음이 만연해 있는 골짜기이지만 그의 영혼은 주의 임재로 평안하고 따사로웠다. 그의 '원수'인 크메르 루즈는 그에게 친절했고, 그의 상에는 음식이 충분히 차려져 있었다.

밤에, 살고 있는 작은 집으로 돌아와서는 아내와 성경을 읽고 천천히 정성껏 기도를 하였다. 어떤 때는 슬픈 찬양을 흥얼거리기도 했는데 마음이 슬퍼서가 아니라 캄보디아의 정서 때문이었다. 고통과 회한의 곡조가 마음을 정화시키는 것이었다.

내 주를 가까이 하게 함은
십자가 짐 같은 고생이나
내 일생 소원은 늘 찬송하면서
주께 더 나가기 원합니다.

내 고생하는 것 옛 야곱이
돌베개 베고 잠 같습니다.
꿈에도 소원이 늘 찬송하면서
주께 더 나가기 원합니다.

천성에 가는 길 험하여도

생명 길 되나니 은혜로다.
천사 날 부르니 늘 찬송하면서
주께 더 나가기 원합니다.

예아 목사는 가끔씩 지나가던 사람들이 '목사님 집에 왔다 갔다 하
며 계단에 앉아 있던 사람이 누구예요?' 라고 물어서 처음에 아주 놀
랐다. 왜냐하면 자기를 찾아왔던 친구도 없었고 자기 집을 기웃거릴
사람도 없었기 때문이었다. 그런데 계속 그런 소문이 나자 예아는 자
기는 보지 못했어도 그 방문객이 누구인지 알 수 있었다. 그를 본 사
람은 마을 사람이나 크메르 루즈뿐이었는데, 그들도 곧 깨닫고는 두
려워했다. 마을 끝자락에 있는 그 초라한 초가 오두막이 거룩한 땅
이었던 것이다. 천사가 와서 보호하시는 그 집을 아무도 감히 손대지
못했다.

프놈펜에서 쫓겨난 베들레헴 교회 성도 중에 송 아주머니가 있었
다. 1975년 4월 17일, 사람들이 가는 속도가 아주 느렸기 때문에 그
날 다시 빠져나와 집으로 돌아갈 수 있었다. 그러나 다음 날 아침 9
시 다시 길을 나섰다. 송 아주머니는 프놈펜을 떠난 지 얼마 안 되어
성도들이 레악 예아와 센 보운 목사와 함께 마지막으로 대나무 평원
에서 모였다가 작은 그룹으로 나뉘어 헤어졌던 일을 생생히 기억하고
있었다.

일행은 6명 정도였는데 연로하지만 강건했던 내이 할머니, 30년 전
이싸락에게 살해당한 앤 목사의 부인이 함께 있었다. 앤 부인은 캄보
디아 여자 기독 청년 운동의 지도자이자 전도 부인으로 수년 간 따크

마 성경 학교에서 살면서 학생과 직원 모두에게 나이를 불문하고 아주 사랑을 받았다. 70세가 넘은 내이 할머니는 도언띠어이의 로즈 할머니처럼 초창기 신자였다. 내이 할머니는 목사인 큰 아들 사룬과 20대 아들 자처리와 함께였다. 마지막으로 송의 자녀인 요셉, 네이슨 그리고 딸 띠에렌이 있었다.

계속 북쪽으로 가면서 그들은 길이 코울타르로 끈적거리고 먼저 간 사람들이 버린 쓰레기가 넘쳐나 아주 고생했다. 수 백 명이 그 길을 가는 동안, 여기저기 길 가나 버려진 집에서 잠을 잤다. 이제 그들은 크메르 루즈가 오랫동안 점령하고 있던 지역에 들어와 있었다. 여기 현지의 '옛 인민'들은 도시에서 오는 슬픈 이주민을 '새 인민'이라고 조롱하고 멸시하며 불친절하게 대했다. 이러한 것은 의심할 바 없이 자기들의 운명에 만족하지 못했기 때문에 나오는 감정이었다. 그들은 늘 자기들을 깔보던 욕심 많은 부자 도시민에 대해서 분노와 증오, 그리고 시기심을 가지고 있었다. 이제 그들이 고통 받을 차례다. 병자나 죽어가는 사람의 고통을 덜어 주려는 사람은 거의 없었다.

송은 함께 보조를 맞추지 못하여 길에 낙오된 사람들을 지나쳐 오면서 울었다. 어떤 사람은 친척들이 기대어 있으라고 받쳐 준 나무 밑에서 한 걸음도 움직이지 못하고 그대로 앉아 있었다. 그들은 모두 인내하며 자비로운 죽음을 기다리고 있었다. 누군가 그러한 불행한 사람 곁에서 울고 있으면 늘 순찰을 도는 무장한 군인들이 곧 길을 떠나도록 재촉하는 것이었다.

가장 보기 힘든 무서운 장면은 죽은 사람들의 모습이었다. 파리 떼가 몰려 있는 어린 아기, 푹 들어간 눈에 시들어가는 노인, 병원에서 링거 주사를 맞다가 크메르 루즈에게 거리로 쫓겨나 피 묻은 반창고가 붙어 있는 예전 군인들. 시체들 모양도 각양각색이었고, 세상이 모르는 아픈 이야기들을 안고 썩어가고 있었다.

이 불행한 백성들이 당한 극도의 비극과 고통을 생각하며 감수성이 예민한 송 아주머니의 마음은 동정과 공포가 뒤섞여 괴로웠다. 사람들은 그러한 장면에 익숙해지면서 어떤 대가를 치르든지 반드시 살아야겠다고 결심하며 마음이 굳어졌다. 그러나 송은 언제나 괴로웠다. 눈을 뜬 채 뒤틀려 기괴한 모습이 되어버린 시체들을 보며 송은 그들이 나쁜 카르마(업보) 때문에 그렇게 되었다고 생각하지 않았다. 그들은 한 명 한 명이 하나님의 형상으로 특별하게 빚어진 인간이었다. 그래서 그러한 장면은 송에게 언제나 부자연스럽고 잘못된 것이었다. 그래서 매장되지 못한 채 죽어 있는 사람들을 볼 때마다 눈물이 나는 것이었다.

송은 끊임없이 기도하는 습관을 유지하기 위해 애를 썼다. 열병이나 설사에 걸린 사람이 생기면 규칙적으로 기도하기가 힘들었다. 크메르 루즈 군인들은 각 사람에 대해서 이러저러한 검사 기준을 가지고 파악하고 있었다. 젊은 군인들의 변덕 때문에 갑자기 총으로 위협을 당해서 가족과 헤어져 다른 곳으로 가야 할 경우도 있었다. 그런데 무엇보다도 문제가 되는 것은 물과 식량이었다. 다음 끼니는 어떻게 해결할 수 있을까? 그들은 자기들이 가지고 있는 여분의 옷을 하나씩 하나씩 전부 '옛 인민'들에게 주면서 아주 적은 음식이나 우유 통 하나에 들어 있는 쌀과 맞바꾸었다. 다음 끼니에 먹을 쌀은 심지어 개인의 자존심이나 가족 관계보다도 더 중요한 것이었다. 확실히 배고픔과 두려움은 옹까 치하에서 사회를 다스리는 일차적인 수단이었다.

송의 기도는 놀랍게 응답되었다. 여기저기에서 음식과 쌀이 조금씩 들어왔다. 아들이 설사로 너무 약해져서 설 수도 없었을 때, 한 노인이 소가 끄는 수레를 타고 가다가 아이를 태워주었다. 그에게 예수 그리스도에 대해 말하기 시작하자 조심하라고 경고했다. '새 시대가 되어 그러한 말은 위험하오.' 내이 할머니까지 믿을 수 없을 정도로 힘을 내어 하루에 40km를 걸었는데, 그 정도는 청년이라도 지쳐 버리는 속도였다.

버려진 도시가 되어 버린 조용한 깜뽕톰을 지나가면서 그들은 두려움에 목소리가 낮아졌다. 그렇게 활발하게 북적이던 도시가 완전히 침묵하고 있는 것이었다. 자처리는 버려진 집과 가게를 뒤지며 음식을 찾아 다녔다. 한 가게에 들어가려고 문을 열었는데 갑자기 숨이 멎는 듯 했다. 그곳은 가정 교회였다. 그는 비틀거리며 그 안으로 들어갔다. 벽에는 온통 성경 장면의 그림이 있었고, 성경과 찬송가가 의자에 흩어져 있었다. **크메르 루즈가 와서 예배를 드리고 있는 사람들을 쫓아냈는가?** 자처리는 그렇게 생각하며 잠시 긴 의자에 앉아 혼자 예배를 드렸다. 이 오아시스와 같은 장소에서 새로워지는 느낌이었다. 그는 손을 뻗어 곁에 버려져 있는 성경을 애정을 담아 만지작거렸다. 하나님의 약속으로 가득 차 있다고 배운 그 성경 책의 페이지를 엄지손가락으로 넘겨 보았다. 마음이 따뜻해져 오면서 힘이 났다. 더 이상 혼자가 아니고 지금은 없는 형제자매들과 함께 있다는 연대감이 느껴지는 것이었다. 하나님께서 왜 음식을 찾고 있던 그에게 이 고요하고 거룩한 장소를 만나게 하셨을까? 잠시 동안 묵상할 때, 시간이 멈추고 자처리에게 그 숨겨진 성소에 있는 강력한 평화가 전해지며, 고난과 죽음에서 부활하신 분의 임재가 새롭게 느껴지는 것이었다. 그분은 약속하셨다. '내가 세상 끝 날까지 항상 너희와 함께 있으리라.' 자처리는 예배자들이 돌아오기를 기다리고 있는 처음 모습 그대로 두고 가만히 그곳을 빠져나왔다.

일주일을 걸어와서 마침내 지친 몸들이 정착하게 된 곳은 품꼬르로 북쪽 시엠립에서 75km 떨어진 곳이었다. 그들은 베트남군이 와서 그들을 크메르 루즈의 잔인한 압제에서 해방시켜줄 때까지 3년 간 비교적 평화롭게 살았다. 레악 예아처럼 송 일행도 크메르 루즈 경비들의 호의를 받아 어느 정도 자유를 누리며 살 수 있었다.

그 기간 동안 회개하고 예수를 믿은 사람들이 모두 2,30명이 되었다. 정해진 날 마다 저녁 8시에 사람들은 조용히 두세 명씩 '세상의 구주'에 대한 말씀을 들으려고 찾아왔다. 그들은 모두 땅에 무릎을 꿇고 앉아 서로 필요한 것을 위해서 기도를 했고, 캄보디아의 문이 다시 열리도록 기도했다. 사룬 아저씨가 자기 집에 숨겨 가지고 있던 성경과 찬송가를 가지고 예배를 인도했다. 찬송은 그곳에서는 속삭이듯 불렀지만, 혼자 있을 때면 어느 새 자기들이 좋아하는 곡을 허밍으로 부르고 있었다.

어린 아이 하나를 데리고 사는 로움이라는 과부가 있었다. 조심스럽게 그에게 복음을 전하니 금방 주께 마음을 드리는 것이었다. 로움은 후에 시엠립 근처에 있는 집단촌으로 이송되어 그곳에서 그리스도 안에서 자기가 발견한 새로운 믿음을 열심히 전하여 사람들을 주께로 인도하였다.

께오 다라라는 청년도 품꼬르에서 송의 전도를 받고 주께 돌아왔는데, 1978년 초 태국으로 피난 왔다. 난민촌에서 그의 이야기를 듣고, 우리가 캄보디아의 남은 자를 위해서 하는 기도가 응답되고 있는 것을 알 수 있었다. 다라는 '포로'가 된 지 3년째인 1977년 품꼬르에서 드린 성탄 축하 예배 소식을 우리에게 전해 주었다.

1976년 말, 크메르 루즈는 마지막으로 남아 있던 승려의 성직을 박탈하고 다른 사람들처럼 일터 노동자로 내보냈다. 대부분은 처형되었다. 절은 창고, 학교, 진료소, 감옥으로 사용했고 불상은 모두 부수어 길을 수리하는데 채워 넣었다. 어떤 사람들은 자신의 영적인 지주를 빼앗기고 갈급해서 형상이 필요 없는 기독교의 성탄 예배에 이끌려 왔다. 그들은 이곳의 작은 비밀 모임에서 안전하고도 새로우며 영원한 영적 고향을 찾았다.

그러나 끈질기게 캄보디아 백성의 가슴속 종교로 남아 있는 것은 정령 숭배였다. 그것은 아주 잔인하고 사악한 힘으로 사람들을 다스렸다. 마을 사람들은 왜 기독교인들이 영들에게 괴로움을 당하지 않는지 궁금하게 여겼다. 기독교인들은 영들을 달래기 위해 제물도 드리지 않고 그들에게 돈을 드려 존경을 표하지도 않았다. 수많은 사람들이 살해를 당하자 그들은 정령들이 복수를 할까봐 아주 두려워했다.

사룬은 품꼬르에서 축사의 능력으로 금방 유명해졌다. 캄보디아 사람들은 한번 악령에게 사로잡히면 대부분 희망이 없었기 때문이었다. 심지어 크메르 루즈까지 아프거나 귀신 들리면 그를 찾아왔다.

특히 병이 들거나 죽으면 끄루 크메르라는 무당을 불러 옛 정령 숭배의 의식을 거행하였다. 크메르 루즈 군인들은 자신들이 미신을 믿는 시골 농부였기 때문에, 상부로부터 모든 미신을 버리라고 내린 명령을 무시하였다. 한 번은 송의 아들 네이슨이 독사에게 발뒤꿈치를 물렸다. 사람들은 밭에서 몹시 고통스러워하는 그를 어머니 집으로 데리고 갔다. 사람들은 현지 무당 끄루 크메르를 불러 와서 병이 낫도록 굿을 하려고 했다. 비틀 열매를 씹어 나온 액을 아이에게 뱉으면서 온갖 주문을 외려는 것이었다. 보통 때처럼 사람들이 구경하려고 많이 몰려들었다. 송이 잘 알고 있는 크메르 루즈도 있었다. 그렇지만 송은 외쳤다. "아니요, 이런 일은 안 합니다. 우리는 기독교인입니다. 살아계신 하나님을 믿는 사람들이에요."

"그러면 아들이 죽어도 좋아요?" 마을 사람들은 마음이 상해서 믿을 수 없다는 듯이 말했다.

송은 "아이가 죽는다면 천국에서 영원히 살 것이고, 만일 산다면 하나님의 자비와 은혜로 사는 거지요."라고 대답했다. 무당을 보내놓고 송은 아들 곁에 무릎을 꿇었다. 아이는 이미 독이 혈관을 타고 온몸에 퍼져서 검게 변하고 있었다. 송은 밤새도록 떨고 있는 아이를 붙잡고 기도했다. 아침에 사람들이 돌아와 그 집 앞에 섰다. 한 사람은 벌써 무덤을 파러 갔다. 그들은 고소해 하며 시체를 나르려고 온 것이었다. 송은 웃으며 그들에게 집으로 올라오라고 했다. 그들 앞에 네이슨이 건강한 몸으로 조용히 앉아 있었다. 그는 도움 없이 혼자 걸어 다닐 수 있었다. 어머니는 몸은 지쳤지만 감사하며 살아계신 그리스도의 능력을 증거하였다. 그분이 주님이시고 구세주이시며 언제나 곁에 계신 친구라고 소개하였다. 이 마을에 기독교인이 있다는 것은 더 이상 비밀이 될 수 없었다. 그리고 기독교인들이 모이는 저녁 시간에 더욱 많은 사람들이 발길을 옮겨서 이제는 다 해어진 성경책의 말씀을 들으려고 오는 것이었다.

한 번은 사룬이 예배를 인도하고 있는데, 문이 열리더니 크메르 루즈 대장이 들어왔다. 사룬은 도중에 말을 멈추었다. 아무도 움직이지 않았다. 그러자 그는 한 마디도 하지 않고 손을 아래로 가리키며 송 아주머니에게 밖으로 나오라고 했다. 둘이서 함께 몇 발자국도 걷지 않았는데 그가 물었다. "예수 그리스도를 믿으세요?"

"예. 믿고 있어요." 그는 더 이상 말을 하지 않고 어둠 속에서 재빨리 송을 자기 집으로 데리고 들어갔다. 그곳은 옹까들만이 들어갈 수 있는 금지된 구역이었다. 신을 벗고 계단을 올라가는데 송은 두려움 대신에 강한 팔이 자기를 감싸고 있는 것을 느꼈다. 일단 집에 들어가자 무서운 공산당원이 아니라 그저 어머니의 죽음을 눈앞에 둔 한 남자가 그곳에 있을 뿐이었다. 그는 앞서 들어가더니 아주 연로한 할머니 곁에 무릎을 꿇었다. 86세로 설사 때문에 죽어가는 것이었다. 숨을 가쁘게 쉬며 눈빛이 어두워져 가고 있었다. 송은 방 안에 다른 사람들도 있는 것 같았지만 신경 쓰지 않았다. 자기가 왜 그곳에 있는지 알았기 때문이었다. 송은 할머니의 떨리는 가는 손을 붙잡고 예수 그리스도의 구원의 길에 대해서 조용히 이야기를 나누었다. "나는 자네가 이곳에 오기를 아주 오랫동안 소원하고 있었네. 나는 믿는다네, 믿고말고." 그렇게 속삭이는 할머니를 송은 주님께 맡기는 기도를 드렸다. 다음 날 아침 할머니는 평안하게 숨을 거두었다. 성도 중에는 이제 어떻게 될까 두려워하기도 했지만, 크메르 루즈 대장은 그것에 대해서 다시는 입을 열지 않았다.

내이 할머니는 크메르 루즈 치하에서 믿는 가족과 친구들과 따로 떨어져 힘들고 외롭게 살다가 죽음을 맞았다. 1976년 추수가 한창이던 때, 조용히 성탄 축하를 하고 나서 송의 생각에 의하면 '마음이 아파서' 죽었다. 그들은 할머니를 편안하게 해 드리려고 갖은 애를 썼다. 먹고 싶다는 부드러운 과일도 찾아 드리고, 대나무 조각이 살이 배겨 힘들어 하여, 골풀로 매트를 짜서 아래에 놓아 드리기도 했다. 집집마다 살고 있는 벌레에게 무자비하게 물리면서도 할머니의 영혼은 숨이 멎을 때까지 강인했다. 이제 다른 무엇보다 할머니는 '본향'을 그리워하다가 그 '본향'으로 갔다. 성도들은 무덤을 만들어 이 경건한 순례자의 '장막'을 소중하게 안장했다. 그 후 무덤 주위에 서서 함께 조용한 목소리로 찬양을 했다.

놀라운 예수의 사랑을 노래하라.
그 자비와 그 은혜를;
그가 우리 위해 예비한 밝고 복된 집에서.
우리 모두 천국에서 만나면
얼마나 기쁠까.
예수님 만나면
모두 승리의 노래를 외칠 것이네.

순례의 길을 걷는 동안 하늘에 구름이 덮여도,

그 길을 다 가서 천국에 닿으면,
그곳에는 그림자도 한숨도 없을 것이네.

진실하고 신실하게 날마다 믿음으로 섬기세.
영광중에 계신 그분 눈길에 삶의 고통 사라지네,
우리 모두 천국에 가면.

할머니는 참으로 피로 물든 '킬링필드'에 떨어진 소중한 씨앗이었다.
네 아이가 있는 젊은이와 그의 아내가 땅 치어 소령과 민바운을 본
것 같다는 말을 한 적이 있다. 그들은 1975년 4월 말 경 낙르엉 근처
길 가에서 군중들에게 전도지를 나누어 주며 복음을 전하고 있었다.
그의 이름은 레비나로 내이 할머니의 손자이고 사룬의 아들이었다.
레비나는 프놈펜에서 다른 곳으로 이송되었기 때문에 친척들이 어디
에 있는지 몰랐다.

프놈펜에서 도망 나올 때 한 검문소에서 걸렸다. 그곳은 사람들이
가지고 있는 귀중품과 자전거나 수레를 그들에게서 '해방'시키고 처
형할 '반동'들을 냄새 맡아 찾아내는 곳이었다. 지나가는 군중 가운
데 레비나가 지목되었다. 젊은 크메르 루즈 요원은 갑자기 목소리를
낮추더니 기독교인인 레비나를 따뜻한 눈으로 바라보며 '형제, 당신
을 사랑합니다. 그런데 이제부터는 언제나 농사짓던 농부였다고 말해
야 합니다. 그렇지 않으면 조만간 죽게 될 거예요.' 레비나는 너무 놀
라 아무 말도 못하고 서 있었다. 입은 옷이나 들고 있는 총과 어울리
지 않는 말과 태도에 놀라 꼼짝 못하고 이 온유한 낯선 사람을 쳐다

보았다. 신기한 만남이었다. 그러나 곧 딱딱한 여자 크메르 루즈 요원이 오더니 뭐하냐고 하며 레비나의 오토바이를 빼앗아갔다.

가족과 함께 처량하게 소유물을 묶은 자루를 들고 다시 길을 떠나면서 흘끗 뒤를 돌아보았다. 그는 잠시나마 그들을 주의해서 보고 있는 검은 옷의 청년을 볼 수 있었다. 그러나 곧 수많은 사람들이 밀려와 그들 사이를 가로막았다. 레비나는 그의 충고를 절대로 잊지 않았다. 그 후에 곧 전직 선생, 의사, 공무원, 군인들이 자원해서 '이전에 하던 일로 민주 캄뿌치아를 재건하는 일을 돕겠다'고 다시 프놈펜으로 돌아갔다. 그것은 뛰어난 책략이었다. 많은 사람들이 현재의 비참함에서 벗어나고 싶은 나머지 크메르 루즈가 하는 달콤한 말에 속아서 죽었다. 이런 거짓말에 한 번 당한 사람들이 더 이상 속지 않자, 그들은 또 다른 것을 고안해 내었다. 그들은 온갖 사악한 생각을 동원해서 사람들을 죽였다.

그의 가족은 결국 깜뽕참 바로 서쪽의 참싸르러에 정착했다. 레비나는 무서운 일들을 많이 보았는데 1977년에 상황이 더 심각해졌다. 옹까로부터 '새 인민'은 모두 반동이기 때문에 모두 숙청해야 한다는 명령이 떨어졌다. 참싸르러에서는 그 해 5월에 우기가 시작되었는데 마을 사람들은 갑자기 가엾은 '새 인민' 수 천 명이 그곳에 오자 놀랐다. 며칠 동안 사방에서 남녀노소가 트럭으로 실려 들어왔다.

마을의 '옛 인민'들에게서 흘러나오는 소문으로는, 이들은 모를 심는 농번기가 지나 한가해지면 모두 죽일 사람들이라고 했다.(크메르 루즈는 언제나 사람들을 죽도록 일을 시키고 나서 죽였다.) 레비나는 그렇게 많은 사람을 계획적으로 죽일 수 있다는 사실을 믿을 수가 없었다. 그런데 정해진 날에 그 일이 시작되었다. 날마다 새로 온 사람들이 그룹으로 소환되어 갔는데 아무도 돌아오지 않았다.

몇 달 후, 11월경 비가 멎어 마을 사람들이 물소에게 목초를 먹이러 숲으로 데리고 나갔는데 대량 학살된 사람들의 무덤 이야기가 이러저러한 경로를 통해서 흘러 나왔다. 무덤이 얕아서 비가 흙을 씻어 내리자 머리, 팔다리, 눈을 가린 묶인 몸들이 삐져나온 것이었다. 레비나가 아무래도 믿기 힘들어하자, 마을 사람 하나가 몰래 그곳에 데려가 주었다. 끔찍한 장면이었다. 아무리 험악한 일을 많이 보았지만, 이러한 고의적인 대 살상에는 참으로 정신이 아찔하였다.

그런데 그 끔찍한 킬링필드와 거대한 무덤 장면 이상으로 그의 시선을 사로잡았던 것은 그 주위에 널려 있던 물건들이었다. 옷, 신분증명서, 사진, 옷이 든 가방 등 상상할 수 있는 온갖 종류의 개인 소지품들이 사방에 흩어져 있었다. 마을 사람들은 시체를 뒤적이며 탐욕스럽게 금을 찾았다. 심지어 해골에서 금니까지 뽑았다. 레비나는 그 혐오스러운 모습을 사진기로 찍고 또 찍었다. 웃고 있는 결혼사진, 졸업 사진, 종교 의식, 여자 친구, 신생아 사진 등, 1975년 이전 캄보디아의 상류층 모습들이 생생하게 그의 눈앞에 스쳐가고 있었다. 이 나라 엘리트의 기록 사진들이었다. 교수, 의사, 정치가, 장교, 부유한 기업가, 사교계의 모습들이 그의 발아래 축축한 숲 위에서 비와 햇빛에 색이 바래가고 있었다. 어떤 것은 그것을 지녔던 소유주처럼 알아볼 수 없이 썩어 있었다.

그는 보고 있으면서도 현실 같지가 않았다. 한 때 안전하고 편안하고 빛나던 세상이 여기 숲에서 전부 잊힌 채 썩어가고 있었다. 난폭한 손에 모욕을 당하고 진흙 발에 밟히고 있었다. 그는 최소한 사진만은 진흙에서 건져내어 아름답고 자신감 넘치는 얼굴과 값비싼 옷을 더럽히고 있는 흙을 씻어내야겠다는 긴박한 마음이 들었다. 그러나 할 수가 없었다. 그들의 세계는 더 이상 존재하지 않았다. 그들은 지금 사라지고 있는 과거의 유령이었다. 그들은 언제나 멀리 떨어져 있었기 때문에, 살아 있을 때도 그러했듯이 지금도 자기 같은 사람은 만지거나 쥘 수가 없었다. 그럼에도 불구하고 자기 앞에 옷을 벗긴 채 누워 있고 자기 발아래 그들의 소중한 것들이 쓰레기가 되어 있는 모습에 슬퍼하지 않을 수 없었다. 그는 지금처럼 자기가 고독하고 가난한 사람이라는 사실을 절실히 느껴본 적이 없었지만, 그들이 가졌던 부와 지위가 부럽게 느껴지지 않았다.

그는 아픈 마음으로 돌아서서 현실 세계로 돌아왔다. 찢기고 볼품 없는 검은 옷을 해골 같은 몸에 걸치고서. 그러나 사진 속의 그 아름답고 자신감에 넘치고 행복해 보이던 모습은 계속 눈에 어른거렸다.

1977년이 저물어가던 바로 이 무렵, 레비나는 자기 아내와 아이들이 끌려가 죽었다는 소식을 들었다. 당시 그의 일터는 마을에서 10km 떨어져 있었다. 아무런 경고도 없었고 이유도 없었다. 그저 옹까가 불러서 갔을 뿐이었다.

'그들은 네 아내와 아이들을 죽이고 이제 너도 죽이려고 한다. 그곳으로 가서는 안 된다.' 친구가 그렇게 경고했다.

레비나는 참을 수 없이 괴로운 마음으로 울면서 숲으로 도망했다. 그는 나무 하나에 기대어 주먹으로 자기 머리를 치면서 목놓아 울었다. 하나님께 힘을 달라고 울부짖었다. 나무에 머리를 박고 그곳에 얼마나 있었는지 기억할 수가 없었다. 그런데 돌아보니 쓸쓸해 보이는 암소 대여섯 마리가 자기를 둘러싸고 있었다. 무슨 소동이 났나 하고 초장을 떠나서 그의 곁에 와서 조용히 서 있는 것이었다. 콧물을 흘리며 눈에 눈물을 글썽이며 그를 바라보고 있었다. 마치도 이해하고 있다는 것 같았다. 레비나의 마음은 슬픔의 순간에 조용히 곁에 다가와 함께 슬퍼하는 것 같은 이 신기한 동료들로 인해 깊이 감동이 되었다.

그러나 이제는 달아나야 했다. 어떻게 해서든지 다른 집단촌으로 달아나야 했다. 허가 없이 어디로 가다가 잡히면 그 자리에서 사형이었다. 레비나는 밤에 친구가 있는 근처 마을을 향해 숲 속 길로 걸어 갔다. 사방이 트인 길에서는 배로 기어가고, 진흙 도랑은 허우적거리며 건넜다. 한 지점에서는 수로에 반쯤 떠 있는 시체에 걸려 넘어지기도 했다. 그런데 제일 위험했던 순간은 마을 끝에 있는 크메르 루즈 검문소를 지나갈 때였다. 크메르 루즈 몇 명이 등잔불을 밝혀 놓고 한창 나누고 있는 대화를 똑똑히 들을 수 있었다. 그들은 구운 돼지 고기에 신선한 야채 그리고 밥을 그릇에 가득 담아 먹고 있었다. 음식을 입 안에 가득 담고 그 날 했던 일을 이야기하는데 "우리는 오늘 제 4마을에서 23명 죽였지. 내가 배에 총을 들이댔을 때 그 할망구가 돼지처럼 꽥꽥 우는 소리를 들었나? 아직 열 명 쯤은 더 죽이고 떠나야 해. 당신네 지역은 어땠는데? 내일은 바나나 농장 너머에 살고 있는 것들부터 처리할 거야. 시체는 그곳 우물에 던지면 되지……" 레비나는 들으면서 멍해지며 벌벌 떨렸다. 음식을 먹고 트림을 하며 나누는 대화가 마치도 농부가 도살장에서 가축을 죽이는 것처럼 사람을 죽이는 이야기였다. 그리고 여기에 그가 곧 죽을 짐승으로 낙인 찍혀 자기 같은 인간의 죽음 냄새에 반쯤 혼이 빠진 모습으로 있었다. 레비나는 어둠 속에 숨어서 비틀거리며 멀어져 갔다. 다행히 새벽녘에 친구 집에 들어 갈 수 있었다.

그는 새 마을에서 눈에 띄지 않게 있었다. 모두가 비슷한 모습이었다. 그리고 이제 크메르 루즈는 더 부패해졌고, 더 기능이 떨어졌다. 살아남기 위해서 기본적인 이론에 동조하고, 옹까가 듣고 싶어 하는 말을 하고, 꾸며서 보고하고, 과장해서 복종하고, 웃기는 구호를 입에 담아야 했다. 누구에게나 살아남는 것이 최고로 중요한 일이 되었다.

레비나는 잠시 동안 안전하기는 했지만 너무 고독했다. 소중한 아이들과 사랑하던 아내가 그리웠다. 몇 주 동안 아내가 집 안 일을 하고 있는 것 같이 착각하기도 했고, 아이 울음 소리가 들리면 한 살짜리 딸이 우는 것 같아 괴로웠다. 이전 생각들이 자꾸 떠올랐다. 마침내 과거의 기억에서 위로를 찾았다. 경건하셨던 내이 할머니는 자기를 일으켜주시고 사랑해 주셨다. 지금 어디 계실까? 살았나, 죽었나? 그리고 저 다른 세계에서 함께 지내던 믿는 친구들 생각도 아련히 떠올랐다. 그리고 인내로 상담해 주던 선교사 생각도 났다. 얼마나 어리석고 완악했던지…… 얼마나 그들을 상심하게 하고 실망시켰는지…… 그러나 그들은 계속 포기하지 않고 사랑해 주었다. 1978년 그 괴로웠던 몇 달 동안 레비나는 완전히 과거에 묻혀서 살았다. 현재를 생각하면 참을 수가 없었고 미래는 생각할 수가 없었다. 그 시기는 내면을 여행하는 시기, 다시 생각하고, 재평가하고 자기와 하나님에 대해 새롭게 알아가는 시기였다.

현재 시골로 끌려와 옹까의 발밑에 있는 수천 명의 프놈펜 성도들 가운데 라다가 있었다. 그는 1973년 로즈 할머니의 막내 아들인 노우테이가 인도하여 프놈펜의 마라나다 교회에서 신앙을 갖게 된 청년이었다. (아기 때 거의 죽게 되자, 로즈가 '아이를 데려가시든 지 아니면 살려서 하나님의 사람으로 쓰시든 지 해 주세요.'하고 기도했던 아들이었다.) 라다는 믿은 지 얼마 되지 않았어도 1970-1975년의 추수기 동안에 믿었던 대부분의 청년 학생들처럼 영민하고 분별력이 있으며 하나님을 향한 신실한 믿음을 갖고 있었다.

프놈펜 멸망 이후 텅 빈 도시를 다시 보게 되었을 때, 그는 울 수밖에 없었다. 추방당한 사람들이 불쌍했다. 그들 대부분은 생명의 말씀을 듣고도 완악하게 거절했다. 그는 수 세기 동안 자행한 우상 숭배, 미신, 음모, 압제, 그리고 총체적 부패가 캄보디아 멸망의 원인이라고 생각했다. 복음을 거부하고, 교회를 핍박하며, 소망 없는 신과 영들에 묶여 힘을 빼앗기고, 성장을 방해하면서 참된 인간성과 운명을 알지 못하게 하던 나라는 크메르 루즈와 같은 폭군의 먹이로 떨어질 수밖에 없었다. 국가적으로 성실하지 못했고, 악에 맞서려는 용기와 결단이 없었다.

다른 청년들처럼 라다도 이동 노력 봉사대로 배치되었다. 청년들은 음식을 제대로 먹지 못하면서, 계속 다른 일터로 이동하고 쉴 사이 없이 중노동을 하여 거의 초죽음 상태였다. 어떤 때는 우유 통 하나 분량의 쌀로 10명이 하루를 견뎌야 했다. 등에 지고 실어 날라야 하는 짐이 너무 무거워서 죽었고, 경작하는 시기에 사람이 멍에를 메고 물에 잠긴 땅을 갈다가 그냥 쓰러져 죽기도 했다. 추운 계절에 그들은 각종 병이 들어 약해진 몸으로 찬 물 속에 들어가서 맨 손으로 댐이나 관개수로를 만들었다. 가장 힘든 노동은 청년 이동 봉사대가 맡아야 했다.

라다는 이렇게 장기간 일을 했는데, 그동안 부모 형제를 며칠 밖에 만나지 못했다. 상당한 위험 부담이 있음에도 불구하고 그는 언제나 성경을 숨겨 가지고 있었다. 독신 남자들이 사는 구역에 천으로 싸서 감추어 놓았다. 어떤 때는 밤에 잠시 몇 구절을 훔쳐 읽고 허가된 짧은 시간 동안 자기 전에 누워서 묵상을 하였는데, 그것이 힘이 되어 주었다.

아주 사이좋고 행복한 가족이었기 때문에 집에 올 때마다 만남의 기쁨이 아주 컸지만, 만날 때마다 모두가 더 마르고 쇠약해져 있었다. 결국 이 사촌이 죽고 저 형제가 죽기 시작했다. 1976년 말, 천여 명 중에서 반 이상이 죽었다. 가족 중 누군가가 죽었다는 소식이 있을 때마다, 라다는 크메르 루즈에게 가서 하루나 이틀 집에 다녀오게 해 달라고 간청을 했지만 대답은 늘 냉정했다. '당신이 간다고 해서 그들이 살아 돌아올 것도 아니잖소?'

깊은 숲에서 나무를 베어 손질하고 있는데, 아버지가 죽었다는 소식이 왔다. 크메르 루즈에게 가서 다녀오게 해 달라고 간절하게 부탁했지만 똑 같은 대답이었다. "왜 가요? 당신이 간다고 살아오겠소?" 라다는 간신히 일터로 돌아왔지만, 슬픔과 함께 화가 나고 분노가 치밀어 올라서 어쩔 줄을 몰랐다.

며칠 후, 해야 했던 일이 끝나 집으로 돌아올 수 있었다. 그런데 마을 전체 분위기가 아주 기괴하게 조용했고 냉담한 느낌이었다. 어디에서나 죽음이 느껴졌다. 자기 집이라고 생각되는 곳에 왔는데 아닌 것 같아서 돌아섰다. 바짝 마른 어린 소녀가 밖에 앉아 있는데 알아보지 못했다. 그때 아이가 '오빠'하고 소리치며 뼈만 남은 팔을 그에게 내밀었다. 목소리를 들으니 누이였다. 너무 기력이 없어서 서지도 못하고 있었다. 라다는 몸을 구부려 주름지도록 오그라진 손을 감싸 쥐었다. 그들은 울음을 참을 수 없었다. 만나서 기뻤지만 고통과 절망으로 엉엉 울었다. 나라 전체를 죽음으로 몰아가는 세찬 회오리바람에 휩쓸리어 가지 않도록 누이를 꼭 붙잡았다. 그러나 서로 한 마디도 할 수 없었다. 그들의 슬픔은 말로 표현할 수 없는 것이었다. 그저 서로 흘리는 눈물의 강에 마음이 함께 녹아서 누이는 오빠에게 매달려 있었고, 오빠는 누이의 등을 부드럽게 토닥이고 있었다.

그때 어머니를 보았다. 문 앞에서 지팡이 삼아 붙들고 있는 나뭇가지에 굽은 몸을 의지하고 있었다. 라다가 보니 어머니는 지팡이를 잡지 않은 다른 손에 잔 나뭇가지를 몇 개 들고 음식을 만들려고 하고 있었다. 그 얼굴은 슬픔에 겨워 죽은 사람처럼 보였다. '아버지가 돌아가셨단다.' 라다는 얼른 가서 쓰러지려는 어머니를 붙들었다. 충혈된 눈에서 다시 눈물이 쏟아졌다. 이제 아들은 더욱 힘을 주어 쇠약한 몸으로 한없이 흐느끼고 있는 어머니를 껴안았다. 어린 아기도 그리 보채지도 않으면서 서서히 굶어 죽었다. 젖이 말라서 먹일 것이 없었다. 라다는 참을 수가 없어서 비명을 질렀다. 고개를 뒤로 젖히며 울부짖었다. "주님, 왜 이런 일을 당하게 하셨습니까? 너무 하십니다."

라다는 이틀 뒤 일터로 돌아가야 했다. 사랑하는 가족을 떠나는 일이 너무도 고통스러웠다. 자기의 슬픔과 분노도 해결되지 않은 상태였다. 그는 먼지 나는 길을 터벅터벅 걸어가면서 울음을 참을 수가 없었다. 가족을 잃은 슬픔에서 벗어날 수가 없었다. 처량하고 불쾌한 냄새가 나는 독신자 숙소로 돌아와 구석에서 성경을 찾았다. 없어졌다. 그런데 그 익숙한 빨간 겉 표지가 마루 위에 다른 쓰레기와 함께 버려져 있었다. 얼른 집어 들었는데 껍데기뿐이었다. 안에 있던 종이는 전부 찢겨져 나갔다. 그가 없는 사이에 사람들이 책장을 찢어서 담배를 말거나 화장실 용 휴지로 쓴 것이었다. 며칠 후 누이가 죽었다는 연락이 있었다.

1978년 늦은 봄, 다시 홍수 난 논을 경작하여 모판을 만드는 일을 하게 되었다. 라다는 슬픔으로 인해서 공산주의와 크메르 루즈를 아주 증오하였다. 그는 마음속으로 이 세상에서 견디고 살아남지 않으면 저 악한 힘에 파멸될 것임을 알았기 때문에, 결심을 하고 하나님께 어머니와 남은 남동생의 목숨을 살려 달라고 기도하기 시작했다. 그는 여기 낮은 땅의 모든 고통 속에서도 하나님을 소유하고 그분의 영원한 보호 안에 있고 싶었다. 그는 영적으로 피로 물든 들판에서 높은 산으로 올라가, 강한 기류를 타고 독수리처럼 날개 치며 그 위에서 날아가고 싶었다. 하나님께서 힘과 소원을 주시고 그렇게 날 수 있는 날개를 주시지 않았는가? 어떻게 하면 육신에 매인 옷을 마음의 무거움과 함께 벗어던지고 하늘을 향해 날아오를 수 있을까?

과부가 된 어머니는 잘 걷지도 못했는데도 다른 여인들처럼 일하러 일터에 가야했다. 남동생은 음식을 구하러 떠났다. 라다가 일하는 시간은 아주 길어서 밤 11시까지였고, 그 후에 또 지루한 사상 교육이 있었다. 잠은 논둑에서 거친 자루를 깔고 잤다. 이동 봉사단의 청년들에게 삶은 단조롭고 고되었으며 무자비했다.

그때 '영광스러운 혁명' 기념일이 다가오는데 옹까의 대변인은 모두가 참여하는 혁명 기념식에서 젊은 청년들이 결혼을 한다고 발표했다. 옹까에게 더 많은 생명이 필요한 것 같았다. 모두해서 19쌍이 선택되었다. 라다도 뽑혔는데 그에게는 충격이었다. 어떻게 기독교인이 알지도 못하는 불신자와 멍에를 함께 하겠는가? 그는 참으로 함께 믿는 아내와 가정을 꾸리고 싶었다. 서로 사랑하며 소중히 여기는 가족을 원한 것이지, 이 미친 것 같은 혁명 사회의 조직으로 가정을 갖고 싶지 않았다. **도대체 이 모든 일에 하나님은 어디에 계신 것인가?** 그는 번민했다. 옹까에게 그는 혁명을 위한 좋은 혈통의 아이를 생산할 수 있는 사람으로 생각되었다. 아이를 낳으면 그들이 끌고 가서 자기들을 닮은 기괴한 모양으로 기를 것이었다.

온 나라에 이러한 결혼식이 합동으로 거행되고 있었다. 1975년 4월 17일 '위대한 해방의 날'을 기념하는 '축제'를 전후로 그러한 일이 일어났다. 완전히 서로 알지 못하는 사람들끼리 며칠을 함께 보내게 하여 결혼시키는 것이었다. 심지어 어떤 때는 그 커플이 옹까가 축복하는 결혼을 한다는 혁명적 발상을 전적으로 지지하지 않는 것으로 의심될 경우, 심복을 보내 감시하는 경우도 있었다. 결혼식 후에는 각기 몇 달 씩 헤어져 자기가 속한 이동 노동단의 기숙사로 돌아갔다. 옹까의 '용감한 신세계'는 종교와도 같이 결혼과 가족 제도를 무효화하였다.

정해진 날, 라다는 감히 자기 반대편 신부 석에 앉아 있는 소녀를 바라보지 못했다. 그녀도 마찬가지로 고개를 숙이고 있었다. 또 그들이 하는 말도 안 되는 정치 선전이나, '옹까의 멋진 지도 아래 함께 힘을 합하여 영광스러운 새 캄보디아를 세우자'는 권면에도 귀를 기울이지 않았다. 그는 그저 앞을 바라다보고 있는데, 고린도 후서 6장 14, 15절의 익숙한 말씀이 귀에 울리는 것이었다. '믿지 않는 자와 멍에를 같이 하지 말라.' 그는 완전히 올무에 걸려서 꼼짝 못하는 신세가 되었다고 생각했다. 벌써 3번이나 옹까가 선택한 대상과 결혼하지 않겠다고 했기 때문에, 이제 한 번 더 거부하면 죽게 될 판이었다.

의식이 끝나고 침울한 침묵 속에서 19쌍은 한 황량한 장소로 인도되어 갔다. 그곳을 핵심적인 새 모델 마을로 만들어서 그곳에서 함께 한 달을 살기로 되어 있었다. 그가 결혼한 색시는 어린 누이동생이 있었는데, 그들과 함께 살아도 좋다는 허락을 받았다. 지정해 준 집에 오니 그 동생이 크메르 루즈가 결혼했다고 특별히 배급해 준 밀가루로 빵을 구워서 아직 서로 말도 한번 걸어보지 않은 신랑 신부 앞에 내놓았다. 라다는 '엉겁결에' 고개를 숙이고 '주님 이 음식을 주셔서 감사합니다.'고 기도를 하였다. 그 앞에 앉아 있던 신부가 긴장한 목소리로 소리를 쳤다. '당신은 기독교인이군요!' 라다의 목은 타들어가고 가슴은 울렁거렸다. 얼마나 어리석은 짓을 했는지! 새 아내가 배신할까? 이것을 보고할까? 그는 걱정하며 그녀를 바라다보았다. 그러나 아내의 얼굴은 빛나고 있었고, 그는 규정대로 입어야 하는 검은 옷이 감추지 못하는 그녀의 사랑스러움과 깊은 내적 아름다움을 처음으로 볼 수 있었다. 그에게 기대며 그녀는 '저도 당신처럼 기독교인이에요.'라고 고백하며 기뻐했다. 그들은 서로 흥분해서 과거 프놈펜에 있던 모 교회 이야기, 그리스도 안에서 공유하고 있는 친구들 이야기를 했다. 그녀는 바로 매력 있고 쾌활한 초이 목사의 딸로 베다니 교회에 다녔으며, 오빠 시몬은 베다니의 기운찬 리더이자 땅치어 소령의 동료였다.

그들은 둘이 함께 하나님의 선하심과 다스리심에 감사했다. 하나님이 버리신 것 같은 땅, 이와 같은 상황에서 그들을 그렇게 이어주신 기적에 감동했다. 라다는 아버지와 6명의 형제자매의 죽음으로 자기 마음에 남아 있던 빈 공간을 채웠을 뿐 아니라, 자기가 원하던 모든 것을 얻었다. 이제는 그가 가장이 되었고 혼자 된 어머니는 이제 경건한 새 딸을 얻었다. 그들은 옹까가 다스리던 마지막 혼란과 공포의 시절을 조용하고 행복하게 잘 지냈다. 베트남 사람들이 쳐들어왔을 때 그들은 태국과 전 세계로 가게 될 거대한 피난민의 행렬에 섞이게 되었다.

02
씨앗이 죽으면

피난처와 위로의 근원은 건물 이상이어야 했다. 특히 최근에 예루살렘 교회 건물에 일어났던 사건 이후로 더욱 그러한 생각이 들었다. 이제부터는 하나님 안에 거하는 바로 그것이 피난처가 되고 위안이 되어야 한다.

$O2$ 씨앗이 죽으면

내가 진실로 진실로 너희에게 이르노니 한 알의 밀이 땅에
떨어져 죽지 아니하면 한 알 그대로 있고 죽으면 많은 열
매를 맺느니라.

- 요한복음 12:24

1974년 6월, 바탐방에서 홈 목사와 그곳 성도들의 전도 사역으
로 큰 열매가 있었다는 소식 이후에는 프놈펜 교회에서 그곳 사정을
알 수가 없었다. 바탐방 시(市)는 캄보디아에서 두 번째로 큰 도시로
수도로부터 북서쪽으로 250km, 태국 국경과는 겨우 80km 떨어진
곳에 있다. 도시와 같은 이름인 바탐방 성(城)은 태국 국경과 긴 산림
지역으로 이어져 있는데 이미 살펴본 대로 최근에 태국 통제 하에 있
었다. 이 지역은 쌀의 곡창지이고 1920년대에 캄보디아 개신교의 발상
지였기 때문에 중요했다.

1970-1975년 크메르 루즈 기간 동안 바탐방 성은 대부분의 다른
지역과는 달리 비교적 대학살이 없었다. 뽀이펫-아란야쁘라테트 국
경 검문소를 통해 태국과 철로와 도로로 연결되어 있고 보급로가 완
전히 차단된 적이 없었기 때문에, 다른 지역에 비해 비교적 평화롭고

풍족하게 지낼 수 있었다. 또한 바탐방은 한 번도 군사적으로 점령당하지 않았다. 프놈펜 함락 소식을 듣고 군은 그냥 항복하였다. 여기 군대는 상당히 좋은 상태였으며, 인탐과 같은 도덕적이고 인기 있는 사령관 치하에서 평화롭게 지냈다. 심지어 점령하라는 상부의 명령을 내켜하지 않는 장교도 있었다. 결과적으로 크메르 루즈가 바탐방을 통제하게 되자, 그들은 이 지역이 인접한 태국의 지원을 받아 저항할 수 있는 잠재력이 많은 것을 알고 아주 무자비하게 통치했다. 실제로 국경을 따라서 크메르 세레이(자유 크메르인)들이 진을 쳤으며, 그들은 종종 기습적으로 캄보디아 내부를 습격했다. 인탐은 1975년 이들과 같은 초기 저항 세력의 리더였는데, 태국 정부는 그에게 떠나라고 압력을 가했다.

이들 해방운동가 주변에 심상치 않은 소문이 떠돌았다. 어떤 것은 사실이고 어떤 것은 그저 꾸며낸 이야기였다. 크메르 루즈의 무거운 굴레를 벗어 던지고 싶어 하는 사람들 중에 실제보다 부풀려서 소문이 난 사람이 있었다. 고대 크메르 민요에 유래하는 낭만적인 이름에 거의 전설적인 힘까지 지녔다는 소문이었다. 폴 포트의 전국적인 집단 수용소의 수감자들 눈에는 하나님이 정하신 때에 울창한 산속 은신처로부터 나와 피에 물든 검은 옷의 크메르 루즈를 쳐부수는 이 의로운 '하얀 크메르인'들이 빛나는 하얀 천사로 생각되었다. 이것은 과장된 소문이었고 부질없는 소리였다. 1975-1978년 동안 그곳을 은신처로 삼았던 열심 있는 청년들과 1979년에 침입했던 베트남 군대를 따라 태국 국경에 쇄도한 수십 만 명의 사람들은 크메르 세레이가 극히 일부를 제외하고는 국가와 국민에게 봉사하기 보다는 자신의 주머니를 채우는 강도, 밀수꾼, 기회주의자들인 것을 알게 되었다. 시비를 거는 부패한 경찰, 군인과 다를 바가 없었다. 이런 면에서 수 세기 동안 캄보디아의 하늘 아래에는 새로운 것이 없었다. 크메르 루즈 체제가 자리를 잡자마자 옹까는 바탐방 사람들을 의심하고 잔혹하게 다루었다.

자유를 찾아 태국으로 탈출하려는 사람들에게 바탐방은 장애가 되는 마지막 관문이었다. 수많은 사람들이 바탐방과 그 너머의 피난처에 마음과 눈길을 두고 있었다. 하지만 소름끼치는 부비 트랩과 독 묻힌 죽창, 지뢰 지대와 크메르 루즈의 광범위한 도보 순찰 지역을 건너 수없이 많은 치명적인 위험과 유행성 말라리아가 가득한 밀림 길을 통과하여 마침내 피난처에 오는 사람은 극소수였다. 이것들을 모두 통과해서 태국까지 가는 길들에는 수천 명의 뼈가 쌓여 있었다. 남아 있다가 죽는 대신에 위험을 무릅쓰고 떠났다가 죽은 사람들이었다.

이 담대한 사람들의 고생은 태국 땅에 온다고 해서 끝이 나는 것이 아니었다. 여기서도 잔인한 크메르 루즈의 습격이나 공포 속에 사는 성난 태국 주민들의 공격 때문에 죽는 사람이 많았다. 적대적인 태국인들은 피난민을 죽여서 그 머리를 국경을 따라 말뚝에 꽂아 놓았다. 산적 손에 죽기도 하고 태국 국경수비대에게 줄 뇌물이 없어 피격을 당하거나 돌아갈 수밖에 없던 사람들도 있었다. 잡혀서 노예가 되기도 했고, 보도된 대로 여자 아이들은 방콕의 사창가로 끌려가기도 했다. 정치적으로나 경제적으로 이롭지 않으면 태국 승려들도 그들을 따뜻하게 맞아주지 않았다. 때때로 캄보디아 피난민은 태국에서 개보다도 못할 때도 있었다. 그들은 윤회하는 생명의 살생과 내세의 자비의 손실을 두려워하기 때문에 엄격한 승려들은 살아있는 생물인 개를 죽이지 않는다. 하지만 모국을 떠난 연약한 난민들은 약탈이나 겁탈을 당했고, 아무런 규제 없이 살해를 당했다. 어쨌든 캄보디아의 까르마(업보)는 이미 쇠퇴해 있었다.

그럼에도 불구하고, 당시 공산화된 인도차이나에서 도망친 피난민들에게 상륙조차 허락하지 않은(그리고 베트남 난민을 가득 실은 낡은 배를 해적이 들끓고 폭풍이 치는 남지나해로 쫓아낸) 사람들과 비교한다면, 태국은 훨씬 더 관대하고 인간적이었다. 태국은 잠재적 문제가 가득한 외국인 수십만 명을 자국 영토에 들이고 다양한 구호기관이 그들을 도울 수 있도록 해 주었다.

홈 목사의 예루살렘 교회는 바탐방 시 중앙시장 바로 옆에 있어 아주 효율적이었다. 일요일에는 예배가 두 번 있었는데, 한 번은 크메르인을 위해서, 또 한 번은 중국인을 위해서 드리는 예배였다. 여기와 태국 국경 빠일린 근처의 중국 교회는 사무엘 목이 목회하고 홍콩에서 온 중국 선교사들이 도왔는데, 그들의 본거지는 프놈펜의 중국교회였다. 라비 스가랴가 주도하던 1974년 개혁운동에는 진리를 추구하는 늙은 승려부터 학생, 사색하는 젊은이들까지 많은 수가 참여했다. 풀 수 없는 캄보디아의 위기에 환멸을 느낀 사람들, 사방을 둘러싸고 있는 강력한 세력에 무기력한 불교의 낡은 가르침과 신화에 회의적인 사람들이 몰려들었다.

홈 목사는 자유로웠던 마지막 몇 달 동안, 새 신자들을 철저히 교육했고, 열심히 산재해 있는 고립 지역으로 다니며 농촌 성도들을 격려했다. 그들은 날마다 모여서 기도했는데, 포위된 수도로부터 남쪽으로 오는 소식이 나쁠수록 성도들은 눈에 띄게 더 가까워지고 서로를 도왔다. 홈은 치어, 레악 예아, 라다처럼 우울한 군사적 상황보다도 주변의 황폐해진 도덕성 때문에 더 절망했다. 이 도시는 소돔과 고모라 같았다. 캄보디아는 내면적인 부패와 부정 때문에 망하지 않을 수 없었다. 물질에 대한 사랑과 세속적 욕망 때문에 바탐방 사람들은 말과 행동으로 끊임없이 주님과 그의 종들을 비웃고 모욕했다. 홈은 곧 캄보디아가 자멸하고 교회가 혹독한 시련에 빠질 것을 알았다.

바탐방 사람들은 이른 아침 라디오를 통해 프놈펜 함락 소식을 들었다. 비록 눈에 보이는 크메르 루즈는 없었지만, 도시를 수비하던 유격대는 정부의 항복 명령에 따라 무장을 해제했다. 질서 있고 평화적으로 권력을 이양하라는 명령을 따른 것이었다.

하지만 성도들은 크메르 루즈에 대한 낙관적인 분위기에 휩쓸리지 않았다. 성도들은 소식을 듣고 놀랐으며, 승리한 공산주의자들이 교회를 어떻게 할지 깊이 걱정했다. 홈 목사는 그 날 하루 종일 성도들을 방문해서 집에서 나가지 말고 기도하고 있으라고 충고했다. 그날 저녁 예루살렘교회는 사태를 주시하고 기도하며 그 밤을 함께 보내기 위해서 몰려든 성도들로 가득했다. 난폭한 폭풍 전의 고요처럼 일종의 정적이 온 도시를 뒤덮었다. 홈은 일어서서 하나님의 말씀으로 그들을 격려했다. "장래에 무슨 일이 닥칠지 우리는 모르지만 하나님은 이미 알고 계십니다. 우리는 살든 죽든 그분과 함께 있게 될 것입니다. 아무 것도 우리를 하나님의 사랑에서 끊지 못합니다. 우리의 믿음은 전적으로 그분 안에 있습니다." 하지만 많은 사람들이 근심과 공포에 쌓여 눈물을 흘리면서 힘과 용기를 달라고 하나님께 부르짖었다.

성도들이 긴장하며 기도하고 있던 그 날 밤, 검은 복장의 크메르 루즈 군이 사방에서 진입하기 시작했다. 홈은 교회 문틈으로 바깥을 보다가 교회 바로 건너편 중앙 시장 지역으로 계속 몰려드는 중무장한 옹까 군의 수가 엄청나게 많은 것에 놀랐다. 그때 시민들을 거리에서 가정으로 몰아넣기 위해 연막탄을 터뜨리기 시작했다. 몇 개가 교회 근처에서 터져 역겹고 얼얼한 냄새가 안에 차기 시작했다. 성도들은 젖은 옷으로 얼굴을 가리고 독한 연기를 쫓기 위해 양파를 잘랐다.

1975년 4월 18일, 크메르 루즈는 수백 발의 공포탄을 쏘아 도시 전체를 공포로 몰아넣었다. 이미 정렬한 군인들은 집집마다 대문을 두드리며 사람들에게 거리로 나오라고 소리 질렀다. 남녀노소, 병든 자, 죽어가는 자를 막론하고 모두가 나가야 했다. 바로 그 순간 프놈펜을 비롯한 전국의 '해방된' 도시와 농촌에서도 같은 일이 벌어졌다.

홈은 기도회의 마지막 인사말을 하면서 성도들에게 모두 다 흩어져서 짝을 지어 집으로 돌아가라고 권했다. 군인들이 교회 문을 부수고 들어와 그들을 의심하고 적대시할까 두려웠기 때문이었다. 그는 깊은 생각에 잠겨 사랑하는 성도들이 줄을 지어 마지막으로 예루살렘 교회를 나가는 것을 지켜보았다. 대부분 다시 만나지 못할 것이었고, 예루살렘 교회는 한때 여기에 있었다는 흔적도 없이, 크메르 루즈에 의해 벽돌 한 장까지 철저하게 파괴될 것이었다.

그 순간 시장 통에는 대혼란이 있었다. 사고파는 것이 모두 중지되고, 귀중품은 몰수되었으며, 지폐 다발은 거리에 뿌려져서 먼지와 함께 색종이 조각처럼 날라 다니고, 흥분한 거리의 아이들은 그 뒤를 쫓아 다녔다. 상인들은 총구 앞에서 강제로 가게에서 쫓겨나 도시를 떠나야 했다.

정오에 홈과 그의 가족은 공포 속에서 도시를 떠나는 수만 명의 시민들과 합류하였다. 많은 사람들이 눈물을 흘리고 큰 소리로 울부짖으며 가슴을 쳤다. 태평스럽게 먹고 마시던 며칠 전과 참으로 비교되는 환경이었다. 그 모든 것이 한 순간에 끝나 버렸다.

몇 시간이 되지 않아 바탐방은 생기있고 자유분방한 시장 도시에서, 굴러다니는 쓰레기와 부풀어 오른 시체가 버려진 폐허로 완전히 변해 버렸다. 여기저기 잘 알려진 술집과 유곽 밖에는 윤락녀와 포주들의 시체가 쓰레기처럼 거리에 던져진 채로 널려있었다. 화려한 의상 그대로, 루즈와 마스카라 범벅인 멍한 얼굴들이 부서진 인형처럼 길가에 던져져 있었다. 홈은 이 모든 광경에 가슴이 아팠다. 그는 천천히 군중에 의해 떠밀려가며 현재, 과거, 미래의 일들을 생각하는 것이었다.

그는 많은 기독교 서적을 전부 버려두고 떠나야 했다. 겨우 10권의 성경과 약간의 찬송가와 소책자만 들고 나왔다. 홈은 어깨에 걸친 막대 양 끝에 두 바구니를 매달아 그 안에 약간의 옷과 음식만 챙겼다. 수심에 가득 찬 혼잡한 인파의 열기는 참을 수 없을 정도였다. 넘치는 쓰레기와 타르로 끈적거리는 도로를 그들은 발을 질질 끌며 느릿느릿 가고 있었다. 그의 자녀 하나는 홍역을 앓고 있었고, 나머지는 놀라서 소리없이 울면서 비틀거리며 걸었다. 그들은 피곤해 하는 아이들 때문에 자주 멈출 수밖에 없었다. 홈은 네 가정과 함께 갔는데,

모두 어떤 식으로든 그와 연관이 있었다. 연로하신 어머니는 통증이 심해서 아주 천천히 갈 수 밖에 없었다. 길을 떠난 지 이틀 뒤에 바탐방의 30km 북쪽 꼬크뭄 마을에 들어섰다. 여기는 홈에게 친숙한 고향 마을이었다. 여기서 그들은 서쪽으로 4km 떨어진 츠까에꾼으로 내려갔다. 그는 여기에 10가구의 기독교 가정이 있는 것을 알고 있었다. 여기는 홈 같은 목사들이 지난 50년간 심방을 다녔던 기독교 마을이었다. 츠까에꾼에서는 친구와 가족 속에서 지냈다. 하지만 여기에도 수십 년간 줄곧 주께서 심으신 씨앗들을 해칠 방법을 찾고 있는 오래된 대적들이 많이 있었다.

그러나 이 '대적'들을 포함해, 아무도 이 오래된 시골 마을에서 더 이상 살 수 없었다. '해방 이전(以前)'의 모든 것과 거주민 전원이 떠나야만 했다. 지역의 행정을 관장하는 옹까의 과학적이고 혁명적인 설계에 따라 크메르 루즈에 의해 조직된 새 집단촌이 인근 지역에 건설되었다.

홈은 혼란 속에서 더 많은 양식을 가져 오려고 바탐방으로 숨어들었다. 이 새로운 해결책이 그의 지속적인 사역이 돼 버렸다. 당시 크메르 루즈가 모든 도로를 봉쇄했기 때문에, 홈은 들판과 논둑으로 큰 쌀자루를 실은 자전거를 끌고 다녀야 했다. 숲속에 숨어 사는 겁 많은 사람들을 만나면, 그는 그곳에서 밤을 새우며 구주 예수 그리스도에 대해 이야기했다. 다음 날 아침 일찍 출발하기 전에 그들에게 자기가 가졌던 성경을 주었다. 이제 곧 더 이상 이렇게 자유롭게 복음을 전할 수 없을 것이었다.

각 사람을 분류하여 자기 고유의 거주지와 지역 급식소로 가게 하였다. 다른 지역으로의 모든 통신과 여행이 금지되었다.

그들이 처음 해야 할 일은 풀과 대나무로 살 집을 만드는 것이었다. 아무런 보급도 없이 각 가족은 숲에서 생필품을 조달해야 했다. 심지어 늙고 쇠약한 사람도 스스로 해결해야 했다. 전혀 훈련되지 않고 대책 없는 도시인과는 달리, 홈은 시골에서 자랐기 때문에 생존할 수 있는 지식이 있었다.

다음으로 그들은 논을 개간하고 수로를 팠다. 전국적으로 같은 상황이었다. 도시 출신 이민자들에게 심한 육체노동은 아주 힘이 들었다. 특히 기아를 위한 식량 배급과 당장 필요한 의약품이 문제였다. 심각한 영양 결핍을 동반한 말라리아, 설사, 콜레라 때문에 많은 사람이 죽어 집단 학살의 사체더미에 던져졌다.

홈은 종종 다른 성도들과 함께 다녔다. 그는 바탐방의 성도들을 전부 알고 있었다. 그들은 서로 아는 체를 못하고 단지 목례와 미소만 살짝 보일 뿐이었지만, 서로를 위하여 기도하고 병든 자나 더 가난한 자들에게 얼마 되지 않는 자기 양식을 나누어 주었다.

홈의 일터에서 2km도 안 되는 곳에 송과 츠혼의 누나 시우 아주머니가 살았지만, 그들은 서로 만나지 못했다. 건장한 농부인 시우 아주머니는 크메르 루즈가 특별히 마을의 노역단 단장으로 임명한 '노인'이었다. 마을 사람이 질투하여 '그녀는 기독교인이고, 미국인의 앞잡이'라고 고발하자, 크메르 루즈 간부 모은은 이렇게 대답했다. "그냥 두어라! 기독교인들은 내 관할에서 제일 좋은 사람들이다. 그들은 부패와 불의, 부도덕을 경멸하고 너희들의 쓸모없는 우상을 숭배하지도 않는다!" 그 이후로 아무도 이 특별한 기독교인을 욕하지 않았다.

아무래도 모은의 어머니가 기독교인이었던 것 같다. (수년 뒤 이 사람은 크메르 루즈의 공포로부터 자유로운 태국의 난민촌에서 그리스도께로 돌아왔다.) 적어도 모은이 다스리던 동안에는, 심하게 옹까를 모욕한 사람 이외에는 무사했다. 그럼에도 다른 곳과 마찬가지로 기아와 질병 때문에 많은 사람이 죽었다.

시우 아주머니는 외양은 주름지고 야위고 투박했지만 금같이 귀한 마음이 그 안에 숨겨져 있었다. 그녀는 열정적으로 정의를 지지하고, 맡은 사람들을 위해 열심히 일하여 양식을 마련했으며, 주 예수님께 대한 자신의 마음을 주저하지 않고 증거했다.

언젠가 쌀이 거의 바닥났을 때, 그녀는 모은에게 제안하여 소달구지를 빌려 타고 바탐방 집으로 쌀을 찾으러 갔다. 다른 모든 일처럼 주님의 보호를 간구하면서. 그곳에서 숨겨져 있던 쌀을 찾아 달구지에 가득 싣고 버려진 도시의 빈 거리를 오는데 삐걱거리는 달구지 소리가 유난히 크게 들렸다. 익숙한 갈림길에 와서 한 방향으로 계속 가니 아주 오래된 집이 하나 나왔다. 그런데 갑자기 그 집을 다시 한 번 봐야겠다는 생각이 들었다.

그 집은 완전히 잡초에 덮여 있었다. 캄보디아로 온 개척 선교사 데이빗 엘리슨이 1920년대에 처음으로 살았던 곳이었다. 이 집과 터에는 많은 추억이 있었다. 그곳을 보기만 해도 그냥 눈물이 쏟아졌다. 2차 대전 당시 일본이 침입했을 때, 어린 시우는 아버지 쁘락과 함께 자주 이곳에 왔다. 아버지는 주변 마을로 순회 복음 전도를 가는 선교사와 함께 다니곤 했다. 어머니 옌은 파상풍으로, 자기는 아기로서 거의 죽어가고 있었을 때, 예수님이 보내신 분을 만나 치료 받았던 이야기를 자주 했다. 그리고 어머니는 어떻게 그들이 크메르 끄라옴 (남부 베트남에 살던 캄보디아인) 가족들과 함께 여기 바탐방에 옮겨 와서 기름진 땅에 농장을 일구고 그들의 영적인 스승과 친구들과 가까워졌는지 말해 주었다. 그 때 이 집이 첫 번째 성경학교였다. 시우는 여전히 마음속으로 그 시절 학생들의 얼굴과 이름을 모두 기억할 수 있었다. 또 전쟁 직후 이싸락들이 바탐방 시장을 약탈할 때 그 단단한 담장 뒤에 안전하게 피했던 일도 생각이 났다. 그 집을 보기만 해도 그러한 기억이 위로가 되었고 새 힘이 솟아났다. 그렇다! 그곳은 수년 동안 하나님께서 베풀어 주셨던 선하심과 신실하심을 기억나게 하는 장소였다.

그러나 피난처와 위로의 근원은 건물 이상이어야 했다. 특히 최근에 예루살렘 교회 건물에 일어났던 사건 이후로 더욱 그러한 생각이 들었다. 이제부터는 하나님 안에 거하는 바로 그것이 피난처가 되고 위안이 되어야 한다. 이러한 진리가 마음속에서 새로워지자 한 구석에 있던 눈물을 떨어버리고 다시 한 번 추억의 집을 보며 마음속에

캄보디아 첫 선교사 데이빗 엘리슨 부부

박아 넣었다. 그리고 깊은 숨을 한번 들이쉬고 다시 현실로 돌아와 소의 고삐를 잡아당겼다. 엘리슨씨는 그가 사랑하던 땅에서 죽었다. 오래전에 성도들은 슬픔 속에서 그의 시신을 프놈펜의 기독교인 묘지에 안장했다.[*] 츠까에꾼으로 돌아오는 동안 내내 시우는 그를 생각했다. 그의 음성이 들리는 듯 했다. 이제 영적 아버지가 그녀에게서 원하는 것은 캄보디아인들에게 예수 그리스도를 보이는 것이다. 이제껏 그렇게 해오던 대로 더욱 복음을 전하는 것이다.

모든 것이 엄격하게 국유화되고 캄보디아 전역에 기아가 퍼지던 1977년, 시우 아주머니는 중병에 걸려 옛 불교사원에 있는 크메르 루즈 병원에 이송되었다. 그곳에는 돌보는 사람도 없이 죽어가는 사람들만 누워 있었다. 밤이면 몸부림치는 비명과 신음이 가득한 곳이었다. 이것은 단지 통증 때문이 아니라, 죽음의 방안에 배회하는 악한 영혼에 대한 끔찍한 공포 때문이었다. 시우 아주머니는 숨 막히고 역겨운 냄새가 나는 병실에 신선한 공기가 들어오도록 밤에는 덧문과 방문을 열어 놓고 싶었다. 그러나 악한 영혼이 들어온다는 공포 때문에 환자들은 모든 창호를 굳게 닫아 놓자고 주장했다. 환자들은 항상

---

[*] 크메르 루즈는 엘리슨 선교사의 무덤을 전부 파헤쳐 뼈를 흩어 놓았다. 1979년 베트남의 기습 성공으로 프놈펜으로 살아 돌아온 성도들은 사랑의 마음으로 그의 뼈를 다른 성도들의 뼈와 함께 모아 다시 봉분을 만들어 안장하였다. 묘비에는 '영광 가운데 승리로 재림하실 그리스도'라고 썼으며 그가 그곳에서 '평안히 그 날을 기다리도록' 하였다.

그녀를 둘러싸고 있는 평화와 평온에 놀랐다. 그녀는 그들의 끔찍한 영적 상태와 주물과 부적에 감겨있는 앙상한 몸, 문을 통과해 그들에게 다가오는 검은 그림자 앞에서 마치 보이지 않는 손에 목이 졸리는 듯이 비명을 지르며 헐떡거리는 것을 동정했다. 그들에게는 외로움, 고통, 공포적인 죽음 밖에 없었다. 아침이면 크메르 전령이 와서 뻣뻣하고 뒤틀린 시체를 가져다가 더러운 공간이 남아 있는 큰 구덩이 속으로 던져 넣는다. 소위 병원이라는 곳에도 누렇게 황폐해 가는 신체를 감염시키는 말라리아, 설사, 기생충과 싸울 효력이 있는 약이 전혀 없었다. 시우 아주머니는 이 고통을 이기고 회복되어 떠날 수 있도록 끈질기게 기도했다.

1974년 바탐방 전도 집회에서 친구 유사르와 함께 개종한 케앙 학생도 그런 병원에서 공포의 경험을 한 적이 있었다. 그는 몸이 부어오르고 기력이 다 빠져 울면서 주의 자비와 평온을 달라고 기도했다. 그는 눈물사이로 지붕을 받치고 있는 들보가 자기 머리 위에서 완벽한 십자가를 이루고 있는 것을 보았다. 그곳을 지켜보며 마음속으로 고통 속에 십자가에 못 박힌 예수님만을 바라보았다. 그는 결국 하나님의 은혜와 자비로 회복되어 안전하게 태국으로 도망쳤다.

홈 목사는 성경을 자기 집 지붕 볏짚 속에 숨겨 가지고 있었다. 밤에는 기도하기 전에 그것을 꺼내어 몇 줄씩 읽고 허락된 몇 시간 동안 대나무 마루 위에 지쳐 쓰러져 잤다. 자는 동안에도 내일 양식은 어떻게 구하나, 날로 약해지는 자녀들의 고통은 어떻게 덜어줄까를 생각하며 몸을 뒤척거렸다.

크메르 루즈는 일과 후 사상 교육 시간에 '캄보디아는 더 이상 신이 필요하지 않다! 우리는 우리 손으로 무엇이든 할 수 있다. 우리는 우리의 새 관개 시설로 좋은 물을 공급할 수 있다.'고 주장했다. 꿈속에서 옹까의 구호가 홈을 비웃고 몹시 괴롭혔다. 불쾌하고 반복적인 혁명가가 귀에 쟁쟁하고, 눈앞에서 검은 옷을 입고 한 줄로 서서 단조로운 혁명 무용을 했다. 그것은 들에서 하는 심한 노동을 기괴하게 안무한 것이었다. 그러나 그에게 우선 닥친 문제는 위장 안의 고통 즉, 기아 때문에 오는 심한 고통이었다.

사람들은 모두 식량 문제에 사로 잡혀 있었다. 사실상 그것이 그들이 늘 말하고 생각하는 주제였다. 매년 추수철에는 옹까의 트럭이 와서 새로 추수한 쌀을 모두 가져가 버려 사람들은 계속 묽은 쌀죽으로 연명해야 한다. 사람들은 쌀 한 사발만 달라고 부르짖었다. "너무 배고파요, 너무 배고파요.'하며 죽음의 자리에서 흐느꼈다. 하지만 옹까는 '해방군은 쌀을 한 톨도 훔치지 않는다."며 그들의 혁명적 열정만 치켜 세웠다.

홈조차도 더 이상 견딜 수 없어서 괴로웠다. 기아가 극에 달했을 때, 그는 "주여, 나의 비참한 생의 가느다란 실을 잘라 주시고 우리 모두를 지금 함께 죽게 하셔서 당신과 함께 영원히 지낼 수 있는 낙원으로 데려다 주옵소서. 더 이상 이 정권을 견딜 수 없습니다. 더 이상 감당할 수가 없습니다."라고 기도했다.

홈은 더 이상 일할 힘이 없고 음식도 구할 수 없자, 가족 걱정이 태산이었다. 끝없는 기아로 자녀는 지쳐있고 아내는 말라리아와 설사로 내내 고통하며 누워 있는데, 자기는 겨우 기어 나와 힘없이 몸을 질질 끌며 그 주변을 맴돌기도 했다. 하지만 하나님은 그의 목숨을 거두지 않으셨고, 그는 그 호된 시련의 불길 속을 그분과 함께 걸었다.

아이들은 이미 오래 전부터 놀지도 않고 노래하지도 않았다. 그저 근처 나무 그늘이나 문 앞에 죽은 듯 쓰러져 있거나, 집안 한 구석에 피골이 상접한 채로 쓰러져 있었다. 때때로 혈액순환을 위해 기어 나와서 홀쭉해진 얼굴의 상처 위로 날아드는 파리 떼는 상관하지도 않고 햇볕아래 웅크리고 있었다. 먹을 수 있는 뿌리와 잎은 다 벗겨내어 주변은 황무지가 되었다. 바나나 나무줄기도 부드러운 속을 파내 먹어 버려 남아 있지 않았다. 심지어 애벌레와 바퀴, 달팽이, 게, 도마뱀도 보기 어려웠다.

홈은 모두가 돼지처럼 되어 가는 것을 보았다. 사람들은 더러운 것이나 냄새나는 것도 먹고, 끊임없이 싸우고 낚아채면서 오직 배 채울 것만 생각했다. 어떤 이들은 기아로 정신이 나가 서로 잡아먹기까지 했다. 그가 살던 지역에서는 자기 아이를 잡아먹기도 했다. 다른 지역에선 아내가 말라리아 걸린 남편의 목을 딴 후 살을 발라내어 구어 먹었고, 새로 매장된 시신은 그 내장을 먹기 위해 파냈다. 사지와 간은 잘라 내어 물 밖에 없는 쌀죽에 넣어 끓였다. 절망에 빠진 사람들은 살아있는 소의 살이나 꼬리를 몰래 잘라 내어 끓여 먹었다.

다행이 홈은 그 정도의 나락에는 빠지지 않았다. 어린 시절 배운 기술로 논두렁 구멍에 사는 쥐를 잡았다. 이런 때에도 쥐는 믿을 수 없을 만큼 번식했다. 어디서 오는지 모르지만 쥐는 엄청난 양의 곡식을 먹었다. 사람들이 죽어 가는 동안 쥐는 늘었다. 사람들이 너무 많이 죽어서 시체를 처치할 사람조차 남지 않아 폐허가 된 마을도 있었다. 전국에 흑사병이 들끓었다.

　아무리 수고하고 애를 써도 수확은 저조했다. 온 나라가 황폐와 죽음으로 저주에 빠진 듯 했다. 해마다 건기는 아주 가물었고 우기에는 홍수가 범람했다. 수천 명이 목숨을 바쳐 만든 댐과 운하가 홍수로 유실됐다. 기본 지식이 있는 사람이라면 누구라도 예견할 수 있는 일이었지만, 옹까는 기술도 서적도 필요하지 않았다. '미(美) 제국주의'를 물리친 자기들은 그런 사소한 것에는 지지 않는다. 옹까는 천하무적이었다.

　홈은 쥐를 잡아 양식에 보태었다. 엄지발가락만한 작은 쥐는 먹을 만했다. 그것을 쥐구멍에서 잡아내어 껍질을 벗기고 꼬챙이에 끼워서 구워 먹었다. 이렇게 먹을 것이 생기면 그는 자식들의 야윈 다리를 가만히 두드렸다. 아이들은 고통스럽게 한쪽 팔꿈치로 몸을 일으켜 아무 말 없이 초점 없는 눈으로 한 입 먹을 것에 자동적으로 떨리는 손을 내미는 것이었다. 음식이 그들을 반응하게 하는 유일한 자극제인 것처럼.

　모든 것이 완전히 집단화되어 아이들의 상태는 더 나빠졌고, 대략 100가정이 조합단위로 모든 것을 나누어 이용하고 얼마 안 되는 음식도 공동식당에서 먹었다. 음식을 준비하는 사람은 물론 자기 식구나 친구를 위해 빼돌렸다. 모든 사람이 다 그랬다. 그것은 적자생존이었다. 만약 잡히면 사형이었지만 그런다고 잃을 것도 없었다. 1977년 즈음에는 모든 개인 재산을 몰수했고 나중에는 자녀까지 확대되었다. 5세 이상 어린아이를 부모로부터 격리시켜 다른 시설에서 들에서 일할 수 없는 노인들이 돌보게 했다. 십대들은 죽을 힘을 다해 일해야 하는 이동 노동단에 배속시켰다. 그들은 낮에 땀 흘려 일하던 들에서 그대로 자야 할 때가 많았다. 크메르 루즈는 모두 서로를 불신하게 만들었다. 심지어 자신의 부모도 감시하게 하여 오직 옹까만을 삶의 유일한 권위로 복종하게 했다.

이런 변화는 이미 비참해진 아이들의 삶에 정서적인 고통을 더했다. 이제 아이들은 합당한 음식 뿐 아니라 자기 가족과 부모의 도움마저 받을 수 없었다. 자기 어머니로부터 격리된 어린 아이들을 하루 종일 돌보면서 지친 할머니들은 쉽게 화를 내며 거칠게 대했다. 홈은 아이들이 어머니가 그리워 눈물 흘리며 운다는 이야기를 들었다. 그는 목사로서 목숨이 위태하고 언제라도 처형당할 수 있었지만 크메르 루즈를 찾아가 호소하기도 했다. 어린이들은 창을 넘어 도망치다가 잡혀와 집을 받치고 있는 나무 기둥에 묶여 공포의 눈물을 흘리고 있었다. 하지만 들키면 옹까에게 불려가기 때문에 몰래 울었다. 1978년경의 아이들은 조숙했고 독립적이었다. 이제 어린이들은 거친 전쟁놀이를 하고, 오싹한 표현으로 혁명에 대해서만 얘기했다. 그들은 더 이상 아이가 아닌 살인기계가 되었다. 감수성 예민한 그들의 마음은 옹까의 독으로 가득 찼다.

이 지역 성도 중에서는 츠혼의 아들 소크만이 처형되었다. 나쁜 혈통이어서 죽인다고 했다. 그의 아버지는 이전 정권의 군인이었다. 슬프게도 이웃이 밀고한 것이었다. 그의 아버지는 바탐방이 점령되자 가족으로부터 격리되어, 남쪽 모응 구역에 갇혔다가 군인이었기 때문에 즉각 처형됐다.

또 다른 비극은 성경학교의 젊은 학생 썽의 죽음이었다. 그는 졸업

전에 인턴으로 예루살렘교회의 홈 목사를 돕기 위해 바탐방으로 파견되었다. 그는 손 손네의 처남이었는데 독신으로 크메르 루즈의 '고귀한 청년단'에 징집되었다. 이 누더기 같은 청년단은 만족을 모르는 옹까 혁명 집단의 먹이였다. 탐욕스러운 새 몰렉은 캄보디아의 청년들을 산 제물로 바치도록 했다. 그는 병약해져서 도움 없이 서 있을 수도 없었다. 어느 날 강둑에 서 있다가 쓰러져 물속에 빠져 죽은 것 같다고 그의 신을 건져낸 사람이 홈에게 얘기했다.

많은 사람들이 자식을 우물에 던져 넣고 자신도 따라서 빠져 죽었다. 어떤 사람들은 나무에 목 매달아 죽고, 어떤 사람들은 숲에서 채취한 독을 먹고 죽었다. 적지 않은 수배자들이 크메르 루즈에게 발견되기 전에 가까이 있는 나무에 목을 매달려고 끈을 가지고 다녔다. 캄보디아인들은 죽을 때도 '불량배' 크메르 루즈의 손에 처형당하는 모욕은 피하려고 했다.

몽굴보레이의 인자했던 프랑스인 베네딕트 카톨릭 신부와 완벽한 바탐방의 사도 템임소타도 점령당하자 바로 처형당했다. 참으로 그들은 시민들의 고통을 덜기 위해 최선을 다했다. 몇 년 뒤에 피난민들은 시체 구덩이에서 외국인 해골을 많이 보았는데 십자가가 그대로 목에 걸려 있었다고 했다. 사랑하는 사람들로부터 떠나 가길 거부한 친절한 신부들의 유해임에 틀림없었다.*

캄보디아의 천주교는 대중들의 마음속에 언제나 천주교가 우세한 프랑스와 베트남의 이해관계에 긴밀하게 연결되어 있었다. 그 두 나라는 지금 옹까의 불쾌한 적이기 때문에 카톨릭은 1976년 헌법이 용인하지 않는 반동 종교였다. 겉으로는 미소를 지으며 종교에 자유가 있다고 하면서도 전통적인 불교마저 해체하고 무자비하게 말살시키기 때문에 옹까가 심중에 갖고 있는 종교관은 알 수가 없었다. '부처에게 빌어 봐라, 그가 먹을 것을 주는지.' 그들은 불교도 토착 종교가 아니고 스리랑카나 샴에서 왔다고 배척했다. 기독교처럼 그것도 '민중의 마약'이어서 그들을 속이고 무감각하게 만든다. 이것은 통째로 쓸어 버려야 하는 과거 봉건주의, 옛 왕조의 잔재다. 크메르 루즈는 프놈펜에 있는 웅장한 카톨릭 성당을 철저하게 파괴했다.

시엠립 출신 한 피난민이 기독교인 교사였던 하임과 그 가족의 죽음에 대해서 다음과 같은 감동적인 이야기를 들려주었다.

한낮의 강렬한 태양 빛과 허리가 휘는 노동으로 제 정신이 아니었지만, 하임은 지금 들을 가로 질러 오는 검은 옷의 어린 크메르 루즈 병사가 이번에는 틀림없이 자기를 잡으러 온다는 것을 알았다. 그들이 항상 오는 시간이었다. 더 많은 비굴한 앞잡이들을 모으기 위해 파견된 옹까러의 잔인한 하수들이 전국적인 죽음의 소굴 중에서도 특별히 원시적인 이곳으로 어슬렁거리며 오고 있는 것이었다.

---

* 캄보디아 천주교의 역사는 복음적 개신교보다 훨씬 오래 되었다. 16세기 포르투갈 상인들로부터 시작되었다. 프랑세즈 풍쇼의 훌륭한 책 '논 위의 성당—캄보디아 교회 역사 450년 (The Cathedral of the Rice Paddy:450 Years' history of the Church in Cambodia), Librarie Artheme Fayard, 파리 1990'에서 참고할 수 있다.

하임은 크메르 루즈 초기에 처형 도구로 쓰였던 괭이에 지탱하여 힘없이 서서, 그들이 논둑을 따라 위협적이지만 서두르지 않는 걸음걸이로 오는 것을 보았다. 그는 목이 타고 다리가 후들거렸다. 하지만 조용히 기다렸다. 자기 차례가 되면 담담하고 품위 있게 죽기로 결심했다. 1975년 4월 17일 '해방'이래로 어느 캄보디아인이 이런 날을 생각하지 않았겠는가? 갑자기 소름끼치게 조용하던 작업장에 충격적인 비명 소리가 들렸다. 하임이 돌아보니 다른 군인들이 첫 희생자를 묶어 끌고 가자 그는 참지 못하고 엉엉 울었다.

그 장면 주변에는 옹까의 검은 옷 이외에 아무도 움직이는 사람이 없었다. 마치도 술래가 움직이는 모습을 보이지 않게 해야 하는 정지 게임 장면 같았다. 옹까가 세운 무자비하고 엄격한 기준에서 한 발자국만 벗어나도 색출, 말살 당해 그들이 추수하는 수확물의 '거름'이 된다.

하임 가족은 그 날 오후 전원 검거됐다. 그들은 단지 기독교인이었기 때문에 '고질 비듬'이고, '나쁜 혈통'이며, '영광스런 혁명의 적'이고, 'CIA 첩자'였다.

그의 가족은 묶인 채로 이슬에 젖은 풀밭 위에서 나무 곁에 기대어 앉아 서로 위로하고 서로를 위해 기도하며 뜬 눈으로 하루 밤을 보냈다. 다음 날 아침, 십대 병사들이 돌아와 가족은 모두 그들의 겟세마네로부터 인근의 처형장으로 끌려갔다.

그 장소는 정말로 소름 끼치게 무시무시한 처형의 흔적이 많이 있었다. 고약한 죽음의 냄새가 공기 중에 퍼져 있었다. 그들은 자기들이 묻힐 무덤을 크게 파라는 명령을 받았다. 그때 가까운 덤불 속에서 먹을 것을 찾던 동네 사람들은 반쯤 숨어서 익숙한 그 광경을 보고 있었다.

죽음을 준비할 수 있는 시간을 달라는 하임의 요청이 수락되어 온 가족은 손을 잡고 커다란 구덩이 둘레에 무릎을 꿇고 앉았다. 하임은 하나님께 큰 소리로 크메르 루즈와 멀리서 보고 있는 모든 사람에게 회개하고 복음을 믿으라고 열심히 권했다.

그러자 어린 아들이 놀라서 벌떡 일어나 숲속으로 뛰어 들어 사라졌다. 하임은 얼른 일어나 놀라운 침착과 위엄으로 크메르 루즈에게 아이를 추격하지 말고 자기가 불러오게 해달라고 부탁했다. 주위에 둘러선 구경꾼, 크메르 루즈 군인들, 여전히 무덤가에 꿇어앉아 있는 가족들은 모두 하임이 아들을 부르며 설득하는 소리를 들었다.

"아들아, 이 황무지에서 비참하게 혼자 도망 다니며 며칠 더 사는 것이 무슨 소용이냐? 식구들에게 돌아와서 잠시라도 함께 이 무덤 곁에 있다가 죽으면 곧 하나님의 보좌로 가서 영원히 자유롭게 살지 않겠니?" 긴박한 몇 분이 지나자 덤불이 갈라지면서 소년이 울면서 천천히 꿇어앉아 있는 가족에게 돌아왔다. "우리는 이제 갈 준비가 됐다." 라고 하임이 크메르 루즈에게 말했다.

하지만 그 모든 장면을 지켜보면서 이 고귀한 사람들을 내리쳐 죽이려고 괭이를 들 수 있는 심장을 가진 병사는 없었다. 결국 이 일은 현장을 목격하지 못한 크메르 루즈 대장이 끝내었다. 그곳에서 보고 있던 사람 중에 준비된 구덩이 속으로 조용히 그들의 몸이 굴러 떨어질 때에 그 영혼이 그들이 믿던 주님이 준비하신 하늘로 간 것을 의심하는 사람은 거의 없었다.

기독교인이 담대하게 주님을 증거하다가 죽었다는 이와 같은 소식은 나라 전역에 아주 빠르게 퍼졌다. 결국 이런 이야기들이 국경을 넘어 태

국의 난민 수용소로 흘러온 것이었는데, 그 이야기를 전한 사람들은 성
도들만이 아니라 그때까지 언제나 뿌억 예수(예수쟁이 집단:역주)를 경멸
했던 보통 캄보디아인들이기도 했다.

쁘라세르 목사가 그들의 명령에도 불구하고 '십자가에 못 박히신 그
리스도를 전하는 것을 멈추지 않았기 때문에' 깜뽕참에서 십자가에
못 박혀 죽었다는 소식은 사실이었다. 크메르 루즈군은 분명히 그런
일을 할 만한 위인들이었다. 1975년 해방된 지역에서 자기가 살던 집
기둥에 못 박힌 채 죽은 주민들이 발견된 적이 있었다. 크메르군은
오래 전부터 교묘한 살인과 고문, 배신, 기만을 그들의 속이는 미소
뒤에 완벽히 숨기고 있었다.

1975년 4월부터 1979년 1월까지 크메르 루즈가 다스리던 시기에는
아주 적은 수의 성도들만이 살아서 태국 난민촌에 들어왔다. 초기의
난민촌 중에 가장 큰 곳은 아란야쁘라테트에 있었는데, 캄보디아에서
겨우 5km 떨어져 있었다. 1977년 5월 시이라는 청년이 처형장에서
도망치다가 크메르 루즈 군의 총알에 상처를 입었다. 그를 아란야쁘
라테트 병원에서 만났는데 까빈부리 감옥에서 만났던 대단한 '아저씨'
이야기를 해 주었다. 그 감옥은 너무 복잡하여 누울 공간이 거의 없
었는데, 그 아저씨가 시이의 상처를 보고 그를 편하게 해 주려고 자신
의 자리를 양보하였다. 이것은 당시와 같은 극한 상황에서 아주 드문
일이었다. 이 아저씨는 보통 캄보디아인이 아니었다. 그는 성도였다.
길고 더운 수감 기간 동안 그는 아무 부끄럼없이 찬송가를 부르고 큰
소리로 기도했으며 주위 사람들에게 열정적으로 예수 그리스도에 대

해서 말했다. 선량한 시이 청년도 그때 성도가 되었다.

몇 주 후 내가 까빈부리 감옥에서 아란야쁘라테트에 새로 도착한 사람들에게 깨끗한 옷을 나누어 주며 얘기하고 있는데 폴(캄보디아말로 Pol은 바울이라는 영어의 Paul과 그 발음이 같음.) 이라는 사람이 있었다. 내가 그에게 "아저씨, 이름이 위대한 사도의 이름과 같네요." 라고 하자, 폴은 바로 일어나서 자기가 기독교인이라고 했다. 깜뿌치아 끄라옴에서 왔으며 쁘락과 옌의 아들 폴 츠혼이고 시우와 송의 형이며 그 당시까지 캄보디아의 츠까엔꾼에서 과부가 된 로즈 할머니와 홈목사와 바탐방 성도들과 함께 살고 있는 참로언의 남편이었다. 폴은 바탐방 성도 중에서 처음으로 태국으로 탈출한 사람이었다. 1977년 4월 그는 국경을 넘었다. 다음은 캄보디아어에서 번역한 그의 탈출기이다.

나는 집을 떠난 지 24일 만인 1977년 4월 13일 밤 7시, 태국에 도착했다. 내 고향은 캄보디아 서북 성의 바탐방이다. 떠나기 전에 나는 여러 가지 닥칠 위험을 생각하며 걱정을 많이 했다. 또 크메르 루즈 때문에 2년 이상 보지 못한 사랑하는 아내와 아이 생각도 많이 했다. 그 끔찍한 압제와 끊임없는 살인에도 불구하고 떠나는 것이 망설여졌다. 그러나 더 이상 머무를 수가 없었다. 나는 군인이었기 때문에 나보다 계급이 낮았던 군인들이 모두 잡혀가는 것을 보고 탈출하기로 결심했다.

나는 3일 동안 태국이 있는 북서쪽으로 밤에만 걸었는데 별 방해는 없었다. 그리고 그 후 4일 동안은 낮에만 걸었다. 숲속에 숨어 있는데 갑자기 크메르 루즈 군 15명이 숲에서 나와 정면으로 걸어오고 있었다. 어떻게 해야 하나? 우선 도망쳐야 한다는 생각이 들었다. 하지만 주변은 모두 개방된 평지였다. 그래서 어찌할지 몰라 있던 곳에 조용히 움직이지 않고 있으면서 얼굴을 파묻고 기도했다. 주여, 나를 불쌍히 여기소서. 다시 눈을 떠 보니 병사들은 여전히 나를 향해 오고 있었다. 엄청난 공포가 덮쳐왔다. 내가 숨어 있는 덤불 가까이 오면 분명히 나를 볼 것이고, 그러면 나는 죽게 된다. 눈앞이 하얗게 되어 아무것도 볼 수 없었다. 도망가야하나 그냥 있어야 하나. 오, 주여! 나는 속삭였다. 나의 외침이 들리시나요. 그때 주님은 결코 당신의 자녀를 버리지 않으신다는 생각이 떠올랐다. 크메르 공산당들은 내가 있던 50m 앞 정도까지 오다가 갑자기 방향을 남쪽으로 바꿔 가버렸다.

거의 해질 무렵이어서 나는 행군을 계속했다. 그때부터는 밤에만 움직였다. 낮에는 들킬 위험이 많았다. 3일밤을 걷자, 바벨 강이 나와 헤엄쳐서 건넜다. 날이 밝아와 최근에 추수한 논에 들어가서, 그곳에서 밤까지 기다리다가 다시 걷기 시작했다. 숲은 점점 더 울창해졌다. 대나무 넝쿨이 엉켜 있어서 지나가기가 너무 어려웠고 다리와 발이 가시에 마구 찔렸다. 그렇지만 쉬운 길을 택하면 크메르 루즈 주둔지나 깊은 숲속의 지뢰 지대로 들어가기 때문에 이 길로 계속 가야 했다. 여기는 그들 눈에 띄지 않는다. 하지만 군인들이 때때로 들어와서 순찰하기 때문에 자꾸 더 깊은 숲 속으로 들어갈 수 밖에 없었다.

물통을 보니 물이 거의 없었다. 아주 심각한 문제였다. 아주 목이 말랐지만 지금은 비가 내리지 않는 건기여서 이 문제를 어떻게 해결해야 할 지 몰랐다. 굵은 나무들과 빽빽하게 뒤엉킨 대나무 덤불 때문에 나는 계속 거의 땅바닥을 기어갔다. 더구나 밤에는 완전히 깜깜하여서 아무 것도 보이지 않아 더듬으면서 기어갔다.

마침내 나는 하나님께 이렇게 기도했다. "하늘과 땅의 아버지이신 주여! 물이 어디에 있습니까? 이 깊은 숲속에서 물을 찾을 수가 없습니다. 이제껏 오는 동안 이미 여러 번 저의 목숨을 구해 주셨지요. 이번에도 제가 목말라 죽도록 하지는 않으시겠지요." 그렇게 희망을 가지고 조금씩 앞으로 나갔다. 그러자 얼마 안 되어 볼록한 땅 위에 덮여 있는 어린 대나무 숲이 나왔다. 나는 힘을 내어 일어나 걸어갔다. 물은 생각도 않고 있었는데 갑자기 눈앞에 작은 연못이 보이는 것이 아닌가. 나는 서서 오랫동안 바라보았다. 정말로 내가 찾고 있던 연못이었다. 나는 너무 기뻐서 크게 소리 내어 말했다. "나를 여기까지 인도해 주신 하나님, 감사드립니다!" 작은 연못의 그 고요한 물을 만지기 전에 나는 곁에 꿇어앉아 하나님을 찬양하는 노래를 불렀다. 소년 시절에 배운 것이었다.

주께서 내 길 예비하시네.
주께서 내 길 예비하시네.
주께 기도드리고
날마다 성경을 읽으면
주께서 내 길 예비하시네.

이 조용한 곳에 많은 야생 동물들이 물을 마시러 왔다. 나도 물을 실컷 마시고, 물통을 가득 채웠다. 그리고 시원하게 목욕도 했다. 목욕을 한 뒤에 말린 쌀을 꺼내어 배가 부를 때까지 먹었다. 잠시 동안 그곳에서 쉬고 나니 기력이 되살아났다. 이 특별한 장소를 떠나서 여행을 계속하기 전에 나는 다시 꿇어앉아 주님께 이렇게 기도했다. "주여, 당신께서는 이미 모든 것을 알고 계셨습니다. 당신은 우리가 구하기도 전에 우리에게 있어야 할 것을 모두 알고 계십니다."

두 시간을 걷고 나니 정글은 아주 가시가 많은 대밭으로 바뀌었다. 밤에 가기가 매우 어려웠다. 그래서 나는 빨리 가려고 가끔씩 낮에도 걸었다. 또 만 하루가 지나 4ℓ 들이 쯤 되는 통이 눈에 띄어 집어 들었다. 비어 있는 통이었지만 그래도 나는 행복했다. 내가 가진 1ℓ 짜리 수통과 함께 물을 담는 데 이용할 수 있기 때문이었다. 주님께서 이 통을 주셨기 때문에 곧 그 안에 채울 물도 주실 것이라고 생각했다.

그날 나는 이전처럼 걱정하지 않았다. 여하튼 주님이 나를 도와 구원해 주실 것이다. 일몰 직전에 숲속에서 다른 연못을 찾았다. 이 연못은 야생동물들이 거의 다 마셔서 물이 그리 많지 않았고 또 매우 탁했다. 나의 수통과 새로 얻은 단지에 물을 채운 다음, 남은 쌀을 먹었다. 주님께서 이렇게 가장 어려울 때에 나를 도와 주셔서 정말 기뻤다. 그래서 이렇게 기도하면서 걸었다. "나는 주님을 믿습니다. 당신은 제게 필요한 것을 이미 모두 알고 계십니다. 오늘 밤 제가 쌀을 다 먹은 것도 알고 계십니다." 나는 일몰부터 다음 날 새벽까지 걷고 휴식을 취했다.

날이 샜지만 계속 걸어갔다. 그때 두꺼운 비늘이 덮인 동물이 나무로 올라가는 것이 보였다.* 그 놈은 나를 보자 머리를 배에다 쑤셔 넣더니

---

* 천산갑이라는 동물이다. 캄보디아에서는 수줍어 하는 사람을 이렇게 부른다. 천산갑은 자기를 방해하거나 두렵게 하면 아주 탄탄한 공처럼 몸을 움츠려 코끼리라도 그 몸을 펼 수 없도록 만든다.

나무에서 떨어졌다. 나는 그것을 집어서 살피면서 자문해 보았다. 이것이 하나님이 보내신 선물일까, 아닐까? 만약 나를 위한 것이 아니라면, 왜 내가 이것과 마주쳤나? 확실히 하나님께서 나를 위해서 예비하신 것이 아니라면 이놈을 잡을 수 없었을 것이다. 그런 생각으로 나는 낡은 군용 칼로 그것을 잡았다. 이것은 하나님이 주신 것이다. 그리고 이런 상황에서 다시 나를 위해 준비해 주신 하나님께 잊지 않고 감사를 드렸다.

이 동물의 고기 덕분에 나는 태국으로 가는 남은 여정 동안 목숨을 유지할 수 있었다. 정확하게 여행이 끝나던 마지막 날, 이 고기를 다 먹었다. 다 설명할 수는 없지만, 주님께서는 여러 번 나를 구해 주셨다. 나는 하나님의 위대한 능력의 증인이고 목소리이다. 주님이 나를 구원하셨다. 그러나 나만이 아니라 그분의 이름을 믿는 사람은 모두 꼭 구원해 주신다.

실제로 주님은 대부분의 길을 손과 무릎으로 지나 온 그 놀라운 여행 동안에 여러 번 더 그를 구원하셨다. 그것은 영적인 여정이었다. 츠혼이 나무가 너무 빽빽하여 어두웠던 숲에서 여러 위험을 겪으면서 조금씩 나아간 것은 죽음의 땅에서 벗어나 희망의 땅으로 건너간 것이었다. (2년 뒤 1979년, 그의 아내와 네 자녀와 새 손녀 등도 태국으로 무사히 피해 왔는데, 그가 살아 있는 것을 모르고 있었다. 마침내 가족은 모두 6년 간의 긴 이별 끝에 1982년 프랑스에서 다시 합쳤다.)

그와 함께 태국으로 도망쳤던 여섯 명 중에서 츠혼 혼자 살아 남았다. 나머지 다섯 명은 탈출 초기 넓은 논을 지날 때 크메르 루즈 순찰대의 총에 맞아 죽었다. 그는 군대 훈련 덕분에 놀라지 않고 땅

바닥에 엎드려 그들이 난사하는 동안 계속 기었다. 그에게 또 다른 사건이 있었다. 덤불 속에 숨어 있는데, 국경 순찰대가 탈출자들을 잡으려고 착검된 총으로 덤불을 뒤지며 철저하게 수색하고 있었다. 한 병사가 장전한 총을 들고 그의 코앞에까지 다가왔다. 츠혼은 겁이 나 움츠리며 그 사람의 얼굴을 똑바로 올려다 보았다. 놀랍게도 그 병사는 아무 소리 없이 차가운 검은 눈으로 계속 전진하며 수색했다. 츠혼은 주님의 천사가 눈에 보이지 않는 손을 뻗어서 그의 눈을 가려 주었다고 결론을 내릴 수밖에 없었다. 분명히 그 어두운 시기에는 천사들이 개입한 사건들이 많이 있었다.

길을 가면서 오래 전에 배운 성경의 이야기들이 자주 생각났다. 츠혼은 오랫동안 갈대 사이에 숨어 있으면서 자기가 현재 얼마나 아기 모세와 비슷한 처지인지를 생각하며 혼자 미소를 지었다. 자기는 새로운 바로의 잔인한 명령을 피해 갈대와 진흙 속에 숨겨 놓은 무기력한 아기였다. 태국에 도착했을 때 다행히 바로 아주 친절한 농부를 만났다. 그 농부는 그를 집으로 데려가 옷도 주고 음식도 먹여 주었다.

탈출하는 동안에 그는 장모 로즈 할머니로부터 들은 충고도 기억했다. 그들은 크메르 루즈가 승리한다면 교회는 어떻게 될까 이야기하고 있었다. 선교사들이 떠나고, 목사들은 흩어져 잠잠하며, 교회나 집회 장소가 다 파괴되면 어떻게 하면 좋겠는가? 로즈는 이렇게 대답했다. "이것은 우리가 예배를 어디에서 드리느냐가 아니라 어떻게 드리느냐의 문제야. 예수님은 요한복음 4장 21-24절에서 '아버지께 참되게 예배하는 자들은 영과 진리로 예배할 때가 오나니 곧 이 때라 아버지께서는 자기에게 이렇게 예배하는 자들을 찾으시느니라'고 하셨지. 크메르 루즈는 우리의 집과 교회는 파괴할 수는 있지만, 우리에게서 성령을 가져갈 수도 없고 우리 마음속의 보물창고에 저장되어 있는 그분의 진리를 약탈해 갈 수도 없어." 츠혼은 그 지혜로운 말이 거듭 증명되는 것을 경험했다. "하나님은 영이시니 예배하는 자는 신령과 진리로 그분을 예배해야 한다." 바탐방 서부의 광대한 죽음의 땅을 건너올 때나, 태국 국경을 향하여 무성한 밀림을 곤충처럼 기어올 때도 함께 하시는 하나님을 만날 수 있었다.

그와 같은 탈출 이야기만으로도 책 한권을 다 쓸 수 있었다. 성도들은 기적처럼 갑자기 빛이 나타나 어느 길로 가야할 지 인도를 받기도 하고, 팔짱을 끼고 지뢰지대를 지나기도 했으며, 숲속의 과일 나무들을 발견하기도 하고, 꿈에서 물을 마시고 힘을 얻기도 했다. 최근에 감옥에서 불교와 미신을 믿던 사람들도 나에게 고백을 하였다. 자유를 찾아 태국으로 위험한 탈출을 하는 동안 하나님께 부르짖었다는 것이었다. 나는 그들에게 부처님이나 숲의 신령님께 기도한 것이냐고 물었다.

"아니, 그들이 아닙니다. 우리는 모든 신보다 높은 신에게 기도했어요. 우리가 그에게 부르짖을 때 틀림없이 들어 주실 살아계신 하나님에게 기도한 거지요." 이것은 신의 이름조차 모르는 사람들의 증언이었다.

1977년 폴이 오고 나서 몇 달 뒤에 아란야쁘라테트 난민촌에 사무엘이라는 청년이 왔는데 아주 반가운 소식을 전해 주었다. 사무엘은 소우쁘트의 아들로 말썽만 일으키고 아주 제멋대로인 사람이었다. 그는 론놀 정권의 병사였기 때문에 죽지 않으려면 도망쳐야 했다. 죽이기 전에 잡은 작은 생쥐를 괴롭히며 즐거워하는 고양이처럼 포로들을 계획적으로 이리저리 끌고 다니는 옹까의 악랄한 정체를 직접 보았기 때문이었다.

태국으로 도망치기 전에 그는 먼저 부모와 친척, 츠혼의 가족, 홈 목사, 다른 믿는 친구들이 살고 있는 츠까에꾼 마을로 숨어들었다. 홈은 사무엘을 보더니 울면서 꼭 주님께 신실하게 남아 있으라고 간청했다. 20대이지만 믿음이 깊은 형 찬도 기도하며 울었다. 찬은 날마다 가방에 성경과 찬송가를 넣어 가지고 들로 나갔다. 그는 틈을 타서 조용한 숲속으로 가서 낡은 성경을 보며 기도하고 명상하며 주님과 교제를 하였다.

사무엘은 우리에게 비밀스럽게 모이던 예배 이야기를 해 주었다. 버려진 오두막에서 열리는 기도 모임에 자기도 참석했는데, 여기에서 피터라는 경건한 중국인이 인도한 6명의 젊은이가 자신들의 미래를 위한 주님의 생각과 뜻을 알게 해 달라고 열심히 부르짖던 일이 아주 기억에 남는다고 하였다. 이 일 후에 사무엘은 울고 있는 엄마와 걱정하는 아버지, 나머지 가족들에게 작별 인사를 하고 그날 한밤중에 몇 사람과 숲속으로 숨어들었다. 그들은 지하 저항 조직인 크메르세레이(백색 크메르인)를 찾아 태국 국경을 향했다. 이들 전직 군인들은 결사적으로 무기를 원했는데 가능한 한 많은 크메르 루즈를 죽이기 위해서였다.

거의 전설적인 인물이었던 한 군인이 이끄는 조직이 정글과 산속 은신처에 형성되었다는 소문이 압박 받는 캄보디아의 민중 사이에 떠돌았다. 그러한 소문은 자석처럼 사무엘 같은 젊은이들을 끌어 들였다. 그들은 사악한 검은 옷(크메르 루즈는 언제나 검은 옷을 입었다.)들을 몰아내고, 새로 올바른 정부를 세우는 꿈을 꾸었다. 대부분의 이런 보고들은 많이 과장된 것이었다. 구원자인 메시아가 와서 싹 쓸어버리고 자기들을 구하면 좋겠다는 절박한 상상력의 산물이었다. 저항 세력들은 기껏 아주 소규모에 빈약한 무장으로 캄보디아 변방에서 간간히 크메르 루즈 순찰대나 사살하는 정도였다. 아주 나쁜 경우는 소중한 티크 목재나 문화재를 나라에서 빼돌려 부패한 태국 국경 관리에게 밀매하는 경우였다. 그저 강도나 살인을 하며 자기 배나 채우는 자들이었다. 그들은 아주 높은 값을 받고 태국에서의 자유와 미국에서의 편한 생활을 찾는 부유한 캄보디아인의 짐꾼이나 안내인 역할을 했다. 사람들은 농담 삼아 말하기를 캄보디아의 해방을 위한 기구의 숫자가 파리나 로스앤젤리스의 술집에서 전략을 세우는 캄보디아인의 수만큼 많다고 했다.

사무엘은 자신이 찾고 있던 사람을 만났지만, 그 이전의 다른 사람들처럼 저항 세력에 환멸을 느꼈다. 위험하고 고단한 정글 생활도 아주 싫었다. 크메르 루즈를 습격하다가 거의 죽을 뻔한 적도 있었다. 오랜 말라리아로 약해진 몸에 심한 부상을 입게 되자 정신이 들었다. 그는 여태 무책임하고 충동적이고 무절제하게 살아 왔다. 기독교인의 가정에서 자랐고 가족들의 경건한 믿음을 존경했지만 자기는 한 번도 개인적으로 주님을 믿는다는 고백을 한 적이 없었다. 항상 다른 일이 있어서 한눈팔며 살았다. 그런데 이제 자신의 생활에 근본적인 변화가 필요함을 알았다. 완벽한 곤궁과 고독 속에서 정글 은신처에 누워 이제껏 살아왔던 삶을 돌이켜 보았다. 자기 삶은 뒤틀려 있었고 실패와 못 지킨 약속으로 점철되어 있었다. 마음이 아팠다. 그는 어머니가 끝없이 자기를 참아준 것, 어머니가 얼마나 많이 자기 때문에 울었는지, 심지어 그가 나쁜 사람과 어울려 가출했을 때도 항상 어떻게 다시 데려왔는 지를 기억했다. 지금 여기서 자기를 본다면 어머니의 여린 가슴이 얼마나 아프실까 생각했다. 그는 악령을 피하고 전투에서 용기를 주고 보호를 해 준다고 가슴에 온통 문신을 하게 했다. 복음의 메시지를 그렇게 많이 들었으면서도 그 따위 일을 하다니. 마침내 사무엘은 돼지우리의 탕자처럼 돌이켰다. 꿈속에서 어머니가 나타나 '살아계신 하나님께 기도하고, 너의 주님을 믿어라'고 말했다. 그는 그렇게 했다. 그리고 병이 나았다.

사무엘은 정글을 떠나 아란야쁘라테트 난민 수용소로 왔다. 이곳에서 처음에는 수줍어하고 머뭇거리기도 했지만, 성장하는 교회의 일원이 되어 세례를 받고 믿음 생활을 계속하다가 1978년 미국에 정착하였다. (1979년 베트남의 캄보디아 점령 이후, 소우뿌트가 그의 가족을 국경으로 데려왔다. 1981년경 그들은 모두 '신세계—미국·유럽 등 사람들이 가고 싶어하던 새로운 세계:역주—'에서 새 삶을 시작했다.)

마지막으로 크메르 루즈 시대의 성도를 알기 위해서는 로즈 할머니 이야기로 돌아가야 한다. 70세가 넘은 로즈와 그녀의 남편 꼬음은 1973년에 은퇴해서 고향인 도언띠어이로 돌아왔다. 고향 마을은 오랜 세월 동안 별로 변하지 않았다. 기둥 위에 세워진 초가와 나무로 된 집의 군락, 몇몇 가게, 개울, 사찰 등 여느 마을과 비슷했다. 주변에는 채소밭, 바나나 나무, 키 큰 코코넛 나무가 있었고 그 너머에는 비옥하고 광대한 바탐방 평야가 있었다.

바로 이 초라한 마을이 50년 전(1923년), 그녀의 아버지 하스와 다른 몇 사람들이 바탐방 시장에서 데이빗 엘리슨 선교사로부터 받은 '주님의 말씀'을 가지고 돌아와 깊이 생각하며 가로등 주위를 서성거리던 그 곳이었다.

　　1975년 4월 캄보디아가 함락되고 도시민들이 강제로 이주해야 했을 때, 로즈와 꼬음 부부는 이미 시골에서 노인이 되어 존중받으며 살고 있었다. 시우 아주머니처럼 그들도 독실한 신앙심을 제외하고는 거의 의심의 표적이 될 수 없는 농부였다. 이 마을에는 로즈의 친척이 많이 있었다. 그들 부부에게 작은 대나무 초가집을 지어 준 이도 조카였다. 로즈가 이 세상에서 단 한 가지 소원이 있다면 다섯 아들을 위한 것이었다. 모두가 이런저런 모양으로 주님을 섬겼는데, 지금은 그들이 모두 어떻게 되었는지 아무 소식도 모르고 있었다.

　　로즈 부부가 성도라는 것은 널리 알려져 있었고, 이전부터 대적이 없는 것도 아니었지만 크메르 루즈는 상관 않는 듯 했다. 로즈의 친척 중 한 사람은 크메르 루즈의 핵심 간부였다. 그는 로즈에게 관대했다. (연장자를 존중하는 오랜 관습이 남아 있었다.) 꼬음은 로즈의 친척이 고위직에 있어서 자기가 없어도 보살펴 줄 터이니 주께서 자기를 먼저 데려가 주시기를 바란다고 말하곤 했다. 로즈는 성자와 같았지만 그런 농담에는 화를 냈다. '죽고 싶으면 그렇게 하시지요.'라고 말하며 그의 이기심을 비난하는 것이었다. 그러나 언제나 몸이 약하고 불쌍한 사람은 로즈였다.

　　너무 허약해서 들에서 일할 수 없는 노인들에게는 부모로부터 떼어 놓은 어린이를 돌보는 임무가 주어졌는데, 로즈도 그런 일을 했다. 일어서고 구부리고 하는 것이 그녀가 유일하게 할 수 있는 일이었다. 마침내 어느 날 로즈는 등을 못 쓰게 되어 쓰러졌다. 사람들은 로즈를 꼬음이 있는 집으로 데려다 주었다. 그는 언제나 아내를 사랑했으며 아내에게 필요한 것은 무엇이나 친절하게 해 주는 사람이었다. 로즈를 위해서 기도하며 간호하면서도 여전히 주님께서 자신을 먼저 데려 가셔야 한다고 주장하는 것이었다.

1977년 중반, 막 우기에 들어섰을 때 꼬음이 심하게 병이 들었다. 하루에 쌀 한 통으로 여섯 명이 연명하고 있었다. 로즈는 그가 점점 쇠약해 가는 것을 바라보고 있어야만 했다. 이번에는 회복되지 않을 것을 둘 다 알고 있었다. 크메르 루즈는 그를 자기네 진료소로 데려가려고 했지만, 로즈는 그 말을 듣지 않았다. 그가 죽으면 그 당시 모든 집단촌의 실상이 그렇듯이, 그냥 그의 사체를 어처구니 없는 시체 더미 구덩이에 던져 버릴 것이었다. 로즈는 거부했다. 그녀는 50년 이상 그를 돌보아 왔다. 이제도 자기 혼자 돌볼 것이다. 로즈는 이틀을 다니며 이웃에게 양식을 구걸하여 쌀과 채소로 묽은 죽을 준비했다. 밤새도록 그의 곁을 지키며, 작은 숟가락으로 떠먹이면서 그의 입을 적시고 이마를 쓰다듬었다.

하루는 그가 눈을 뜨더니 "여보, 오래 동안 당신과 함께 했소. 그런데 이제 하나님 계신 집으로 갈 시간이오."라고 말했다. 그는 물 한 모금을 청해 마시고 가까이 오라고 했다. 그녀는 그의 잔잔한 눈길에서 깊은 평화를 볼 수 있었다. 고통이 없었다. 마지막이 되어 말도 할 수 없게 되자, 힘없이 손을 들더니 작별 인사를 하듯이 흔들었다. 주님이 그를 집으로 부르고 계신다. 그녀가 몸을 숙여 그에게 입 맞추자, 입가에 잔잔한 미소가 번졌다. 로즈는 누운 채 죽음을 맞은 그를 보면서 작은 소리로 말했다. "그는 진실로 당신의 자녀였고 이제 당신의 얼굴을 대하고 있네요." 그의 손 바로 곁에는 죽음의 그 순간까지 애써 읽으려던 성경이 펼쳐져 있었다. 바로 그 주님의 말씀, 수십 년 전 젊은 시절 로즈 아버지의 집 등불아래서 탐독하던 주님의 말씀은 그의 발의 등불이었고 50년 순례 여정의 횃불이었다.

함께 한 마지막 순간에 느꼈던 주님의 강력한 임재하심이 로즈에게 아직도 남아 위로가 되고 외로운 마음을 덜어 주었다. 그처럼 비인간적이던 시절엔 관을 비롯한 아무런 장례 준비가 없었다. 로즈는 최대한 그의 시신을 염하고, 아침에 매장을 위해 모기장으로 시신을 쌌다. 결코 그 어떤 반대에도 절망하거나 굴복해 본 적이 없었던 로즈는 밖으로 나가 버려진 집에서 판자와 양철을 뜯어내어 이웃을 설득하여 조악한 관을 만들었다. 그리고 자기가 나가서 무덤을 팠다. 곧 그녀의 결단에 감동한 이웃들이 와서 도와주었다. 그들은 판자 두 쪽으로 십자가도 만들어 그것으로 장소 표시를 했다.

분명히 '최고위'의 명령에는 반대되는 것이지만, 로즈는 '높은 곳'으로부터 온 목소리에 따라 움직였다. 작열하는 태양아래 오직 혼자서 앞뒤로 몸을 흔들며 남편의 무덤 앞에 구부리고 서 있는 할머니를 말릴 사람은 아무도 없었다. 그녀는 마지막 부활을 기대하며 남편을 매장했다. 그녀의 커다란 기도 소리, 우는 소리, 찬송하는 소리가 오후 내내 마을 사람들의 귓전에 울렸다.

철야를 끝낸 다음 빈 집으로 돌아왔다. 그녀는 그곳에 앉아 자신의 현재 상황에 대해 생각하고 기도하기 시작했다. 여기는 친구도 없고 성도도 없었다. 그곳에 사는 그녀의 친척은 아무도 복음을 믿지 않고 반대만 했다. 아무튼 쓸모없이 먹기만 하는 입, 기력 없는 노파를 누가 책임지려 하겠는가? 멀지 않은 자신의 죽음을 생각했다. 만약 여기서 죽는다면 하나님을 모르는 자들이 그녀의 육신을 내다 버릴 것이고 그녀의 무덤가를 맴도는 혼령을 달래기 위해 제물을 놓을 것이다. 그런 생각을 하니 참을 수가 없었다. 성도들이 있는 곳으로 가야했다. 그런 곳은 뜨마꼬울 지방의 츠까에꾼 밖에 없다. 황량한 벌판 너머로 30km를 가야하는 곳이다. 그곳에 딸 참로운(츠혼의 아내)과 손주, 홈 목사 및 바탐방 성도들이 살고 있다고 들었다. 그녀는 바로 그 자리에서 결정하고 출발했다.

살고 있던 집단촌을 벗어나 여행하게 해 달라고 요청하자, 크메르 루즈 지도자는 "안 됩니다. 옹까가 할머니를 보살펴 드립니다." 라고 말했다. 로즈는 돌아 와서 떠날 수 있는 길을 열어 달라고 기도했다. 이미 쇠약한 데다 슬픔으로 지쳤고 연로한 다리는 부어올랐다. "주께서 이 늙은 다리도 강하게 해 주셔야 합니다."라고 기도했다.

결국 로즈는 그냥 출발했다. 그러면서 마을 밖 도로 초소에서 어린 크메르 루즈 소년에게 외쳤다. "원한다면 내 흰 머리를 쏴도 돼! 그렇지만 나는 살아계신 하나님의 은혜로 이렇게 걷고 있다." 로즈는 나중에 웃으면서 "늙은 여자가 취한 사람처럼 비틀거리며 걷고 있던 거지"라고 말했다. 첫 날 바로 역시 뜨마꼬울로 가고 있는 아주 친절한 여인을 만났다. 3일을 밤낮으로 걸어야 한다며 모시고 갈 테니 걱정 말라는 것이었다.

여행은 로즈에게 아주 어렵고 고통스러웠다. 좁은 논길은 구덩이와 바퀴자국 천지였다. 우기가 시작되었기 때문에 들은 미끄럽고 습지 같이 끈적끈적했다. 가다가 풀밭에 주저앉아 하늘을 향해 머리를 흔들었다. "주여, 우리가 이 일을 해낼 것 같지 않습니다." 그런데 기운을 북돋우는 응답이 있었다. "내가 너를 위해 이미 길을 예비해 놓았는데 해낼 것 같지 않다니 무슨 말이지?"

"그러면 제 낡은 무릎을 강하게 해주시고 힘을 주시옵소서!"라고 대답하며 자기 허벅지를 한번 철썩 때렸다. 그리고 함께 가는 여인의 팔을 잡고 일어서서 비틀거리며 걸었다.

그들은 길을 가면서 흉하고 어지러운 장면들을 많이 보았다. 평화롭고 추억을 불러일으키는 푸르고 목가적인 풍경, 항상 변화하는 들판너머 포근한 숲, 깃털처럼 일렁이는 무성한 대숲, 하늘을 향해 높이 솟은 뾰족한 사탕나무, 이 모든 것이 상처를 입었다. 더 이상 말쑥한 교복을 입은 어린이들이 깔깔 웃으며 둑을 따라 달리지 않고, 물이 든 논에서 메기를 낚지도 않았다. 여인들은 모여서 수다를 떨지도 않고, 시장에서는 흥정도 사라졌다. 개울가에서 빨래 방망이질도 하지 않았다. 젊은이들도 한가하게 물소 등에 기대지 않고, 더 이상 새로운 풀밭을 찾아 소 떼를 몰고 나오면서 대피리를 불지도 않았다. 부질없이 슬픈 사랑 노래를 부르지도 않았다. 행상들이 장대 양 편 끝에 바구니를 매달아 어깨에 메고 그 안에 담긴 상품의 무게 때문에 엉덩이를 좌우로 흔들며 외치거나 종을 울리며 먼지 나는 길을 다니는 모습도 더 이상 보이지 않았다. 늙은 여인들이 그늘에 앉아 열매를 신선한 나뭇잎에 싸서 몇 남지 않은 까만 치아 사이로 만족한 표정을 지으며 능숙하게 먹어 치우고 있는 모습을 더 이상 볼 수 없었다. 남자들이 작은 풀 숲 그늘에서 손수 만든 담배를 피우며 볏짚 모자로 부채질하는 모습도 더 이상 볼 수 없었다. 개도 짖지 않고, 이웃 마을 절의 종도 울리지 않고, 닭 우는 소리도 없었다. 모든 것이 죽은 듯 조용했다. 논에서 먹이를 찾던 어린 푸른 벼 사이에서 유난히 하얗던 백로도 가 버렸다. 모든 자연이 어떤 어두운 음모 속에 갇혀버린 듯 했다. 불어오는 바람도 끔찍한 비밀을 속삭이는 것 같았다. 숲 속에서 저질러진 사악한 행위를 꼽아보듯, 늘 불어오는 바람에 걱정스레 앞뒤로 흔들리며 서로 끄덕이는 멀리 선 나무로부터 넘치는 죽음의 악취가 떠돌았다. 두개골은 여전히 눈가리개를 하고, 벌떡 일어나 이 끔찍한 장소를 떠나지 못하게 팔은 철사 줄로 묶힌 채 나무 그늘 아래 풀밭에 뒤덮여 있었으며, 누워 있는 여섯 개의 소름끼치는 해골은 햇볕 아래 백화되고 있었다. 저 건너 누더기는 허수아비인가, 끌고 있는 쟁기의 무게에 눌려 비틀거리는 여자인가. 온 들에는 검은 옷을 입은 수척한 사람들이 표정 없이 땀 흘리며 허리를 구부린 채 일하고 있었다.

로즈는 사망의 음침한 골짜기를 건너가는 느낌이었다. 두 여인은 말없이 많은 생각을 하며 서북 방향의 뜨마꼬울을 향하여 계속 걸으면서 될 수 있는 대로 큰 길과 노동자들을 피해서 갔다.

첫 날밤 그들은 불을 피우는 연기를 보았다. 크메르 루즈 군이 한 솥 가득 밥을 하고 있었다. 길가에서 한 명이 소리쳤다. "할머니, 어디로 가세요? 왜 4지역에서 3지역으로 가시는 거예요?"

그녀는 턱으로 앞을 가리키며 될 수 있는 대로 아무렇지도 않은 표정으로 츠까에꾼에 있는 딸에게 간다고 했다.

"그건 불가능해요."

"뭐야? 늙은 엄마가 딸에게 가는 게 불가능하냐?" 로즈가 반박했다. 그러고 고개를 돌리려 그렇게 말하고 있는 사람을 보았다. 중국제 AK47 소총을 메고 건방지게 허풍을 떨고 있는 그 젊은이는 아는 사람이었다. 로즈는 그의 아이 때 별명을 부르며 쏘아붙였다. "얘, 나는 네가 도언띠어이 우리 집 뒤에서 다른 동네 아이들과 먼지를 뒤집어쓰고 발가벗고 놀던 것을 기억한다. 지금 나를 쏠 테냐?" 그러자 병사들은 폭소를 터트리며 망신당한 그들의 동료를 놀리기 시작했다. 로즈는 손을 흔들고 웃으면서 계속 걸어갔다.

조금 더 가니 크메르 여군들이 있었다. 그들은 검은 머리를 하나같이 짧게 잘랐고, 머리 양쪽에 밋밋한 쇠 핀을 꽂았다. 그들은 젖소 시체 가에 쪼그리고 앉아서, 살을 베어 내고 있었다. "할머니, 늦었는데 여기 와서 식사나 같이 하세요." 소리 내어 감사 기도를 드리며, 로즈와 그녀의 동행은 웃으면서 다가가 먹어 본 지 오래된 고기반찬으로 무정하고 악명 높은 크메르 루즈 여군들과 식사를 했다. 먹기 시작했을 때 그들은 로즈에게 누구와 그렇게 계속 얘기하느냐고 물었다. "내 주님에게"라고 대답했다. 그들은 동정하듯이 웃으며 밥을 다시 채워 주었다. 그들은 그 날 저녁 지나가는 여행자에게 아주 다양한 음식으로 훌륭하게 대접했다. 로즈는 감격하면서도 바로 그 순간에 멀건 쌀죽 한 국자에 서너 명씩 우울하게 둘러앉아 있을 자기 고향 사람들 생각하지 않을 수 없었다.

다음 날 아침, 그들은 로즈의 매력적인 자연스러움과 따뜻함이 좋아서 더 머물라고 강권했다. 그러나 로즈는 그들에게 예수 그리스도 안에 있는 구원을 충분히 설명하고 나서는 다시 길을 떠났다. 그날 그렇게 잘 먹기를 잘 했다. 불어난 개울물을 건너고 진창인 들을 다 지나야 했기 때문이었다. 그날 밤 그들은 머리끝부터 발끝까지 지치고 아픈 상태로 제방 둑에 자리를 펴고 별을 보며 잠이 들었다.

다음 날 물살이 빠른 넓은 강을 만났는데, 한 소년이 뗏목으로 건네다 주었다. 그런데 그들이 다시 길을 떠나려고 하는 순간, 크메르 루즈 군이 와서 그 둘을 붙잡아 새장 같은 감옥에 던져 넣었다. 감옥은 탈출이 의심되는 다른 불운한 용의자들로 가득했다. 매일 몇 명씩 불려나가 처형당했다. 죄수들은 아주 가엾은 처지에 있었다. 몇몇은 오물과 이가 들끓는 그곳에 오랫동안 굶주린 채 누워 있었다. 거의 의식이 없어 보였다. 이들에게는 죽음이 자비였다. 이 지역은 특히 악질적이고 잔혹한 크메르 루즈 군이 태국으로 도망하려는 피난민을 심히 많이 죽이는 곳이라고 누군가 로즈에게 말해 주었다. 때때로 크메르 루즈는 잘린 머리들과 재활용할 옷 뭉치를 자루에 가득히 갖고 돌아 왔다.

로즈는 자기 생명이 어떻게 되는 것은 걱정하지 않았으나 자기를 도와 주려던 동행을 위해 절박하게 기도했다. 이와 같은 상황에서 주님의 자녀에게 냉수 한 그릇을 준 친절을 잊지 않으신다고 하신 말씀을 기억해 달라고 주께 부탁드렸다. '그녀는 나를 위해서 냉수 한 그릇 정도가 아니고 훨씬 큰 친절을 베풀었습니다.'하며 악취 나는 감방 구석에 웅크리고 앉아 열심히 기도했다.

다음 날 아침 일찍 누가 와서 감방 문을 열더니 나오라고 손짓했다. 그 사람은 전혀 모르는 사람이었는데 쌀 한 통을 주며 떠나라고 했다. 동행하던 여인도 석방되어 그 마을에서 친척과 함께 살았다는 이야기를 나중에 들었다. 이제 그녀는 들판에 혼자 서서, 말없이 그녀를 석방해 주었던 그 사람이 주님의 명령으로 보내신 천사가 아니었는지 궁금해 하며 주님의 기적적인 구원에 감사했다.

　도와줄 사람도 없고 감옥에서 몸이 더 약해지기도 했지만, 로즈는 주님이 곁에 계시고 목적지에 가까이 가고 있다는 사실을 생각하며 힘을 내었다. 그녀는 심한 위경련을 앓고 있었고, 다리가 젤리처럼 흐물흐물했다. 어떤 때는 손과 발로 기었는데, 물소 발자국에 고인 흙탕물을 마시기도 했다. 때때로 3년 동안 못 본 딸이 죽었거나 다른 곳으로 옮겨 가지나 않았는지 걱정이 되어 괴로웠다. 마음이 아주 암담할 때는 자기가 수많은 다른 탈주자들처럼 길 가에서 죽는 것이나 아닌가 하고 걱정했다. 그런데 주님께서는 그녀가 혼자가 아니고 주님이 곁에 함께 계신다고 말해 주시며 계속 격려하셨다. 감사하게도 남은 지역은 크메르 루즈 순찰대의 방해 없이 잘 통과했다.

　그녀가 츠까에꾼 인가에 가까이오자 사람들이 흥분하며 달려왔다. 진흙투성이에 정신이 나간 것 같이 비틀거리면서 오다가 물 댄 논에 쓰러지자, 사람들이 소리 질러 다른 이들을 불렀다. 탈진하고 감정이 격해 거의 말이 나오지 않았지만 겨우 소리를 내어 "참로운, 내딸. 여기 있어요?" 하고 물었다. 그들은 바로 그 이름을 알아듣고 달려가 참로운을 데리고 나왔다. 참로운은 놀라 숨도 못 쉰 채 서 있었다. 무슨 비극이 새로 일어났는지 걱정하면서. 모녀는 서로 바라보고 있었지만 끔찍했던 지난 3년 동안 너무도 완전히 달라진 모습에 상대를 알아보지 못했다. 그러나 그들의 눈이 옹까의 발에 짓밟힌 죽음의 마스크 뒤에 있는 얼굴을 꿰뚫어 알아보는 순간, 서로에게 쓰러져 크게 울며 눈물을 흘렸다.

홈 목사는 늘 하루 종일 밭에 나가 일을 하기 때문에 거의 눈에 띄지 않았다. 하지만 매일 성도들은 밤마다 깔고 자는 낡은 풀잎 방석 위에 꿇어 앉아 기도도 하고, 기억나는 찬송을 조용히 부르기도 했다.

과부가 가정에서 남자의 도움 없이 가사를 꾸려가기는 아주 어려웠다. 멀리까지 가서 물을 길어 주는 이도 없고, 밭의 작물을 해치는 쥐를 잡아주는 사람도 없으며, 숲에서 가재나 게, 나무뿌리를 구하여 식량에 보태 주는 사람도 없었다. 그러나 주님께서는 옹까의 남은 공포 정권 동안 로즈 모녀를 돌보아주셨다.

1979년 베트남이 캄보디아를 점령한 이후 참로운의 아들들은 해체된 이동 노동단에서 무사히 집으로 돌아 왔다. 오직 아들 중에서 소크만 밀고를 당해 잃었다. 그런데 로즈는 아들 소식을 하나도 듣지 못해서 마음이 어려웠다. 계속해서 아들 소식을 묻고 다녔지만 아무 소식도 들을 수 없었다.

1979년 11월, 로즈 할머니는 수십만 명의 캄보디아인들 사이에 끼어 태국 국경을 넘어왔다. 그리하여 딸 가족과 홈 목사, 바탐방에서 온 20세대의 성도와 함께 국경에서 몇 킬로 더 떨어져 안전한 카오 제 1 당 새 난민 수용소로 들어갔다.

이 난민촌에서 로즈 할머니는 얼마나 열정적으로 주님을 증거했는지 모른다. 오직 하나님 나라를 위한 열심으로 피곤해 하지도 않았다. 거의 60년 동안 변화무쌍했던 캄보디아의 역사 속에서 자기 삶으로 증명한 로즈의 믿음은 참으로 빛나는 것이었다. 하나님께 대한 믿음으로 빛이 났다. 카오 제 1 당에서 그녀는 들으려고 하는 사람들의 집을 찾아다니며 열심히 자신의 믿음을 증거하였다. 그런 기회가 있어서 참으로 기뻤다. 젊은 성도들은 그녀를 경외하는 마음으로 바라보았다. 로즈 할머니가 전도할 때면, 정적이 감돌고 사람들은 귀담아들었다. 그녀가 기도하면 사람들은 거룩한 땅에 서 있는 것 같이 느끼는 것이었다. 그리고 하나님께서는 믿음으로 드리는 기도에 놀라운 방법으로 응답하셨다.

결국 로즈는 딸과 사위 츠혼과 함께 프랑스로 가서 새로 정착하게 될 것 같았다. 우리는 걱정했다. 로즈 할머니를 프랑스의 우중충한 고층 아파트에 떨어뜨려 놓는 것은 좋은 일이 아닐 것이다. 그것은 마치 달 표면에 있는 것처럼 생소한 환경일 것이다. 할머니가 문화 쇼크로 죽게 되면 어떻게 하나 하고 걱정했다. 새 언어를 배울 수도 없을 테고 추운 날씨도 싫을 것이며, 익은 곡식이 널린 황금 벌판이 그리울 것이었다.

로즈 할머니

그러나 주님도 그 모든 것을 알고 계셨다. 1981년 2월 그들이 방콕의 수송 센터로 왔을 때, 로즈 할머니의 간에 암이 있는 것이 발견됐다. 우리는 로즈 할머니를 친할머니 같이 사랑했기 때문에 몇 주 동안 찾아가서 함께 얘기를 나누고, 책을 읽어 드렸으며, 좋아하는 찬송가도 불러 드렸다. 그러던 어느 날, 수 일 간의 의식불명 끝에 소천하셨다. 우리는 할머니를 잃어 쓸쓸했지만 기뻐하였다. 그 마지막 며칠을 같이 하는 동안, 로즈는 천국에서 부모님과 다시 만날 일을 고대하였다. 또 물론 항상 아내보다 먼저 본향 집으로 가겠다고 하던 남편 꼬임을 다시 만나는 것에 대해서도 이야기를 많이 나누었다. 그리고 마침내 하늘에서 먼저 잃었던 아들들과도 다시 만날 것이었다. 우리는 로즈가 천국 문에 들어가서 완벽하게 편안한 그 집에서 사는 것을 상상할 수 있었다. 그곳은 고통도 없고, 문화 쇼크도 없고, 언어 장벽도 없을 것이었다. 여기서는 그저 단순한 농사꾼이었고 물 긷는 이였다. 그러나 이제 천국에 가서 빛나는 공주로서 살겠지! 그리스도를 아는 지식으로 향기로운 소중한 로즈로서……

4년 동안, 캄보디아의 적막과 깊은 암흑 속에서 수천 명의 성도들이 기도하고 있었다. '그리스도를 위한 캄보디아(Cambodia for Christ; 후에 남 아시아 전도단—South Asian Outreach—이 됨)'와 같은 단체의 도움을 받았다. 그것은 땅 치어가 영국에서 캄보디아로 돌아오기 직전, 삶 속에서 그리스도를 증거하려는 목적으로 세운 단체였다. 또한 순교자의 죽음을 통하여 그리스도를 증거하게 된 단체였다. 그는 우리에게 '캄보디아를 위해서 그 어두움의 권세가 무너지도록' 기도해 달라고 부탁했었다. 1978년 중반, 이 잔혹한 세력이 정권을 장악한지 3년 뒤에, 대자보가 벽에 붙어 있었다. 캄보디아 백성의 구원이 눈앞에 있었다. 그런데 그것은 전혀 예기하지 않았던, 심지어 부적절하다고 할 수 있는 곳에서 온 구원이었다. 조금 지체되고는 있지만 그것은 분명히 찾아 올 것이었다.

> 파수꾼이여 밤이 어떻게 되었느냐
> 파수꾼이여 밤이 어떻게 되었느냐
> 파수꾼이 이르되
> 아침이 곧 오는데
> 아직은 밤이니라.
> (이사야 21:11, 12)

03
물 냄새

순교한 땅 치어가 캄보디아 함락 이틀 전에 마지막으로 설교한 곳이기도 하였다. 그런데 이제 그 씨앗들이 흩어져 땅에 떨어졌다가 물 냄새를 맡고 지하에서 솟아 나와 딱딱한 대지를 뚫고 싹을 내미는 것이었다. 연한 새순이 이제 하늘을 향해 뻗어나고 있었다. '주가 심으신 가지'가 이제 눈에 띄었다.

03 물 냄새

나무는 희망이 있나니 찍힐지라도 다시 움이 나서 연한 가
지가 끊이지 아니하며 그 뿌리가 땅에서 늙고 줄기가 흙
에서 죽을지라도 물 기운에 움이 돋고 가지가 뻗어서 새로
심은 것과 같거니와

– 욥기 14:7-9

1975년 인도차이나(Indo-China) 반도(캄보디아, 베트남, 라오스)에서
공산주의가 승리하자 그 결속이 깨지기 시작하여 막스주의보다 더 오
래된 역사적, 민족적, 국가적 긴장이 그들 사이에 문제가 되기 시작
했다. 미국을 공동의 적으로 삼아 재미를 보았지만, 이제는 다른 경
쟁국이 있어서 사태가 악화되었다. 소련과 중국이라는 두 큰 공산 세
력이 인도차이나의 갈등에 깊이 개입하고 있었던 것이다. 베트남 공
산주의자들은 이제 잘 갖춘 다량의 무기를 가지고 이전의 원수였던
중국을 등지고 소련에 붙었다. 캄보디아의 크메르 루즈는 마오쩌둥이
제창한 1960년 문화 혁명의 이념을 채택했는데, 베이징이 시하누크의
망명처이기도 했기 때문에 베트남과 캄보디아 두 나라 사이에 반감과
불신이 고조되었다. 미국이 철수하자 모스크바는 베트남을, 베이징은
캄보디아를 지원했다.

론놀 정권을 자극하고 그 이전에는 시하누크를 자극하던 문제가 이제는 옹까를 자극하기 시작했다. 베트남은 캄보디아의 섬들과 논쟁을 벌이던 국경 지역을 침범하였다. 이것은 옹까가 이전 앙코르 왕국의 영토와 영광을 되찾겠다고 하는 야심을 건들인 것이었다. 그들은 베트남 남부가 전부 캄보디아 것이라고 주장했다. 심지어 그들은 1977년 1월 태국을 수차례 급습하여 여자와 아이를 죽이고 국경 마을을 잔인하게 약탈하면서, 그곳이 자기네 영토이기 때문에 그것이 내부 문제라고 했다.

크메르 루즈의 과대망상증은 세월이 지나면서 더욱 깊어 갔다. 그들이 주는 공포와 선전의 희생자들뿐 아니라 권력의 상급 지휘 체계에서도 서로 의심하기 시작했고 모든 것을 의심의 눈으로 바라다 보았다. 우선 숙청할 대상은 시하누크파, 군주주의의 신봉자, 사회주의자 그리고 시하누크 왕을 자기들의 아버지로 따르는 자유주의자들이었다. 또 론놀 공화국의 무능과 부패를 혐오하여 크메르 루즈의 반역 전선에 가담한 자도 숙청해야 했다. 1975년 프놈펜 함락 전에 벌써 시하누크의 군인들과 크메르 루즈 사이에 해방 영역을 놓고 잦은 싸움이 있었다.

이미 언급했던 대로 1975년 크메르 루즈의 승리로 프놈펜에 돌아온 시하누크는 가택 연금 상태였고 아무도 그에게 접근할 수 없었다.

1977년 비옥했던 북서 지역(주로 바탐방)의 벼농사가 제대로 되지 않았다. 1975년 두 번이나 강제 이주까지 시켰는데도 수확이 좋지 않았다. 옹까는 그것이 자기들이 사회적 경제적으로 무능해서임을 알지 못했다. 교통과 통신의 인프라나 기술 부족, 도구 부족에 더하여 사람들이 질병과 굶주림으로 파리처럼 죽어가기 때문인 것을 알지 못했다. 그러한 옹까는 비난 받아 마땅했다. 그저 끊임없이 세계에서 가장 강한 나라인 미국을 쳐부수었고, 자연과 땅과 비와 심지어 하나님과 전쟁하여 이겼다고 끊임없이 자랑하는 것으로 혁명에 성공할 수 있는 것인가? 반동분자들, 음모를 꾸미는 자들, CIA 스파이들, 그리고 친베트남 성분을 가진 자들이 자기들의 뛰어난 계획을 반대하고 있다고 생각하는 것이었다. 그것을 해결할 방법은 이 '혁명의 대적'들을 꼭대기부터 밑바닥까지 제거하는 것 뿐이다. 최고 경제 장관이 넘어지자 열렬히 폴폿을 지지하는 뿌억 니레데이(남서부 사람들) 군인들을 북서쪽으로 파송하여 충성심이 의심되는 크메르 루즈 동료 간부를 무자비하게 살해했다. 남서 지역을 담당하던 사령관은 따목이라는 악명 높은 강경론자로 폴폿의 가까운 심복이었다. 처음에 마을 사람들은 자신들에게 고통을 주던 자들이 고문을 당하고 살해되자 아주 기뻐했다. 새로 온 사람들은 잔인한 본 모습을 숨기고 자기들이 인민들이 존경해 마지않는 시하누크의 이름으로 온 개혁자인 것처럼 행세했다. 이전의 크메르 루즈가 숙청되자 그들은 백성들로 하여금 대중 앞에서 사람들을 비판하는 인민재판에 참여하여 그들의 눈에 찍힌 사람들을 처형하도록 부추겼다. 이 뿌억 니레데이는 그 자비의 가면을 벗고 이전보다 더 잔인한 본색을 드러내었다. 그에 더하여 그들은 재빨리 개혁에 열정을 가진 사람들을 색출해 내어 죽였다.

송 아주머니와 품꼬르에 있던 사람들은 이들이 행한 기상천외의 비극을 잘 기억하고 있었다. 1977년 6월 무렵, 뿌억 니레데이가 무력으로 그 마을에 진입했다. 이전에 절이었던 곳에서 대중 집회가 열렸다. 사람들이 이런저런 소문을 가지고 수군거렸다. 자유를 위해 싸웠던 유명한 전사인 탐의 이름이 거론되었다. 시하누크가 다시 권력을 차지할 것이고 크메르 루즈의 대학살도 이제 끝이라는 이야기도 있었다. 이전에 그들을 다스리던 크메르 루즈 상관들은 모두 '평화의 전당'으로 끌려가거나, 뿌억 니레데이가 보는 앞에서 성난 군중들에게 맞아 죽었다. 그러나 송 아주머니는 현명하게 이 모든 일에 관여하지 않고 거리를 두며, 가족에게도 이러한 모임에는 가지 말라고 충고하였다. 열흘 후 인탐이 나타나기를 기다리는 사람들로 마을의 절이 꽉 찼다. 그들은 병적으로 흥분하고 있었다. 밖에는 트럭이 줄지어 서 있었고 군인들이 그곳을 둘러싸고 있었다. 그들은 시끄럽게 모여 있는 사람들을 전부 잡아 대량으로 학살했다. 그 결과는 뭐라 표현할 수 없는 공포 그 자체였다.

이때 내이 할머니가 죽고, 이싸락에 의해 몇 년 전에 순교 당했던 얀목사의 손자 자처리가 잡혀 살해당했다. 이전 목사였던 그의 아버지 사룬도 미친 척하고 간신히 살아남아 채소 농장에서 일하고 있었다. 농장이 강가에 있어서 사룬은 강에서 물고기를 잡아먹으면서 숨어서 지냈다.

광신적인 친폴폿당 뿌억 니레데이가 정권을 쥐게 되자 대량 학살이 더욱 심해지고 의심의 망이 더 넓고 깊어졌다. 송 아주머니의 두 아들 네이슨과 조세프는 개죽음을 당하는 대신에 도망하기로 결심했다. 그 후로는 그들 소식을 몰랐다. 크메르 루즈는 정기적으로 태국으로 달아나려다가 잡혀서 불구가 되거나 목이 잘린 사람들을 질질 끌어왔다. 송 아주머니는 최악의 경우를 두려워하며 아무도 몰래 울었다. 이제 무거운 것을 들어 줄 사람도 없이 완전히 혼자였다. '이 악몽이 언제까지 계속되도록 놓아 두시렵니까?'하며 기도를 드렸다.

이렇게 기도하는 송 아주머니에게는 보이지 않았지만 옹까는 아주 악했고 파괴적이었다. 자기 조절이 전혀 되지 않아 스스로 파멸해가고 있었다. 마지막 날들 동안 프랑스의 급진적인 정치의 영향을 받은 혁명적인 아들과 딸들은 18세기 조상들과 같이 '공포의 지배'를 하면서 만족할 줄 모르는 편집증 환자가 되어가고 있었다. 그들은 대적을 찾아내어 멸절해야 했다. 이웃 나라 베트남이 마침내 자기 방어를 위해서 개입하였다. 스스로 상처를 입히며 거칠게 달리고 있는 광포한 동물을 그 비극에서 건져 내었다.

1977년 9월 27일, 폴폿은 옹까가 캄보디아의 공산당이며 자기가 그 수장이라고 발표하면서 5시간 동안이나 연설하였다.

현재 캄보디아는 삼두정치를 하고 있었다. 폴폿, 렁사리, 키유 삼판은 1950년대 파리에서 학생 때 만났던 동지였다. 폴폿과 렁사리는 동서 지간이었다. 프랑스에서 혁명을 공부한 자매 키유뽀나리와 키유티리스는 아주 머리가 좋았다. 키유 삼판은 로베스피에르처럼 헌신적이고 오직 한 가지 목적을 가진 순수파였다. 시하누크가 그를 없애려고 추적하자 1960년대 말 숲속 반란군에게로 도망했다. 대부분이 크메르와 중국의 혼혈이었고, 혜택을 받고 살았던 지식인들이었다.

1977년 이 무리는 자기들을 다스리던 장관들과 평생의 혁명 동지들을 많이 죽였다. 호우요운, 후님, 님로스 등은 이전에 북서부를 다스리던 지도자들이었다. 이제 이전의 군인, 지식인, '새로운 지식인'등이 모두 숙청 대상이 되었다. 참족과 같은 소수 부족, 그리고 잘못된 정치 계보를 지닌 크메르 루즈 다수, 그중에서도 특히 베트남과 연관이 있는 사람들이 모두 대량 학살의 대상이었다. 바로 이 마지막 정화 작업 때 프놈펜에 현재의 불명예스러운 뚜올슬렝 처형장이 사용되었다. 두치 동지의 명령으로 옹까는 뚜올슬렝을 세웠다. 주로 옹까를 배반한 내부 요원을 고문하고 처형하기 위해서였다. 뚜올슬렝은 공포와 죽음으로 다스리던 옹까의 전체 구조의 정점과 같은 곳이었다.

남자와 여자, 그리고 아이까지 약 2만 여명이 미소와 따뜻한 포옹으로 배반을 당했다. 차디찬 쇠고랑을 손목에 차고 그 정권의 대심판관 두치 동지 앞으로 끌려갔다. 그들은 자신의 잘못을 세세히 고백했는데 단 한 사람도 살아 나오지 못했다. 오늘날 수백 수천 페이지에 달하는 자세한 고백록이 해골과 뼈의 산에서 발견되고 있다. 죽을 사람을 한 명 한 명 조직적으로 찍은 섬뜩한 사진, 잔인한 고문 기구들도 뚜올슬렝, 또는 '독나무 언덕'으로도 불리는 이 '현대판 아우슈비츠'에서 볼 수 있다. 이러한 장소가 전국에 널려 있다. 오늘날까지 새로운 대량학살 무덤들이 아직도 발견되고 있는데, 어림잡아 모두 2만 개 쯤 될 것으로 보고 있다.

파리에서 교육받은 후님 정보부 장관의 터무니없는 고백과 운명을 대표적인 예로 들어보겠다. 그는 1977년 제거되었다고 보는데 뚜올슬렝에 3달 간 있은 후 다음과 같이 고백하였다.

나는 완전히 미국 제국주의자의 명령을 따르고 있는 CIA 요원이다. 겉으로는 '인민의 편'에 서있으며 '완전히 혁명적'으로 보이지만 사실 속으로는 미국 제국주의자를 위해서 봉사하고 있다. 박사 논문을 쓸 때 나는 진보적인 입장의 주제를 택했다. 이것은 내가 반동이며 배반자이고 부패한 자임을 감추려는 아주 값싼 행동이었다. 나는 봉건적이고 자본주의자이며 제국주의자이고 CIA이다. 나는 인간이 아니고 짐승이다.

| 윌리엄 쇼크로스, 「자비의 질」―The Quality of Mercy,

사이먼과 슈스터, 뉴욕 1984, p43

그들은 후님을 1977년 7월에 짓눌러서 산산조각 내어 죽였다.

뚜올슬렁(이전에는 고등학교 교정이었음)은 본질적으로 크메르 루즈 치하의 캄보디아 축소판이었다. 스탈린 정권의 현재와 장래 모습을 전부 망라하고 있었다. 옹까는 시하누크나 론놀조차 못했던 일을 하였다. 자기 편에 속한 혁명의 아들과 딸들을 그들보다 더 많이 처형한 것이었다. 자기들이 저지른 실수, 악행, 살인, 거짓말에 대한 희생양을 끊임없이 찾았다. 계속 권력을 유지하려고 하는 자들을 무슨 대가를 치르고서라도 죽이려고 했다.

베트남과 맞닿은 국경은 전략적인 곳이었는데 소핌 동지가 정부 간부회의 부의장으로 다스리고 있었다. 그가 베트남의 공격과 습격을 막지 못하고 베트남 남부에서 있었던 싸움에서 전력상 열세로 패배하자, 핌은 '적과 공모'했다는 의심을 받게 되었다. 1978년 5월 소핌은 이 지역에서 폴폿을 대항해서 반역을 일으켰다. 프놈펜은 현재 우익과 심하게 갈등하고 있었다. 폴폿은 소핌 본부가 있는 쁘렉벵을 공격하도록 명령했다. 수백 명의 동부 지역 간부들이 동원되었다. 그들 중에는 베트남 남부 크메르 끄라옴 사투리를 쓰는 사람도 있었다. 반역자 리스트가 새로 작성되었다. 한 달 안에 400명의 동부 지역 간부들이 '회의에 참석'하라는 명령을 받고 뚜올슬렁으로 잡혀 왔다. 많은 사람들이 아직도 옹까가 그들을 바르게 대우할 것이라는 헛된 확신을 갖고 있었다. 오랜 심문이 끝난 후, 채찍으로 때리고 태우고 전기 쇼크를 주고 물고문을 하고 소름끼치는 뱀구덩이에 넣어서 '자기 죄를 자백'하도록 했다. 마지막에 아름다운 문장으로 상세히 기록해서 그 것을 시인하고 나면 모두 살해했다. 결국 소핌이 절망하여 폴폿과 대담을 하자고 제안하였다. '협상'을 빌미로 폴폿은 동부 지역 사령관을 함정에 빠뜨렸다. 배반당한 소핌은 구석에 몰린 사냥감이 되어 친구들과 가족들이 보는 앞에서 총으로 자살하였다.

폴폿과 렁사리 정권이 악하고 권력에 대한 탐욕뿐이라는 확신을 갖고 핌의 보좌관이었던 치아심과 동부 지역 고관이었던 헹삼린은 수천 명의 군대를 데리고 베트남으로 망명했다.

폴폿은 복수를 하기 위해 동부에 있는 사람을 10만 명 이상 죽였는데, 대부분 들에서 곤봉으로 때려 죽였다. 이 '악한 지역'을 그들의 뜻대로 완전히 정화하려고 하자 남은 사람들은 정든 땅을 떠나 다른 지역으로 이사하였다. 1977년 베트남은 그곳으로 피난 온 수십만 명의 캄보디아인 중에서 싸울 수 있는 군대를 조직하였다. 그리고 1977년 12월 31일 캄보디아와 베트남 사이에 정식으로 맺고 있던 외교 관계를 깨고 국경 지역에서 전면적으로 전쟁을 시작하였다. 역사가 다시 반복되어 베트남은 캄보디아의 뿌리 깊은 부패, 내부 불화, 자멸로 인해 자본을 축적하게 되었다. 캄보디아 해방을 위해서 깜뿌치아 연합 전선이 형성되었다. 베트남 군대와 무기를 다량으로 지원을 받아 15,000~20,000명 가량의 캄보디아군이 모였다. 베트남은 1970년에 자기들이 도왔던 바로 그 정권을 무너뜨리려는 것이었다. 그때는 5년 동안이나 전쟁을 하였는데 이번에는 몇 달로 끝났다. 옹까가 이미 결정적으로 쇠약해 있었기 때문이었다. 흰 개미가 안을 전부 갉아 먹은 나무가 곧 쓰러지게 된 것이었다. 그런데 프놈펜에 있는 정부는 다량 학살을 계속 부인하며 외교적인 공세를 펴서 서양 기자들을 초대하여 직접 와서 보라고 했다. 그들은 프놈펜이 텅 빈 도시가 된 것에 놀랐고 그들에게 보여주는 전시용 견본은 별 것이 아니었다. 맘씨 좋은 큰 아버지 인상의 렁사리는 UN과 다른 국제 포럼에서 옹까의 외교 대표로 나와 지난 3년 간의 대량 학살과 공포의 증거들을 아주 분개하며 부인했다. 크메르 루즈의 또 다른 얼굴이었다. 세계는 크메르 루즈가 자기 동족에게 저지른 무거운 범죄를 부인하는 거짓말을 믿었다. 그것이 비극이었다.

이러한 문제에 더하여 온 나라가 하룻밤 사이에 홍수로 인해서 농사를 망쳤다. 그나마 남은 쌀은 동부에서 싸우는 군대를 먹이기 위해 공출되었고 한편으로는 크메르 루즈가 게릴라전이 있을 것을 대비하여 서부 국경의 정글 요새로 보냈다는 소문도 있었다. 캄보디아 백성은 노예와 같이 노동력을 착취당하고 광포하게 살해당하기도 하면서 날마다 힘들게 살았다. 집단촌에서 나오는 음식이라고는 몇 숟가락의 묽은 죽뿐이었다.

그런데 1978년이 되자, 노동자들은 수고하던 굽은 등을 펴고 동쪽의 전쟁 소식에 귀를 기울였다. 고생스러운 그들의 마음에 기대를 갖게 하는 사건이었다. 크메르 루즈가 야만적인 베트남 뿌억 유온과 대대적으로 싸우는 것이었다. 그러더니 부상당한 크메르 루즈 군인들이 수레에 가득 실려 오는 모습이 보였다. 검은 옷을 입은 군인 연대가 기가 죽은 채 길게 줄을 지어 서쪽 태국 방향으로 오고 있었다. 병원이 부상자들로 가득하다는 소문도 있었다. 소문이 난무하고 여기저기서 떨리는 손으로 라디오를 틀었다. 무언가 결정적인 사건이 일어나고 있었다. 틀림없이 곧 구원 받게 될 것이다.

집단촌에 남아 죽음의 그늘 아래 살던 캄보디아 인민들에게 1978년 성탄절 구원자가 나타났다. 그들은 의외로 멸시받던 베트남 사람들이었다. 그날 프놈펜을 향한 공격이 대대적으로 시작되었다. 그들은 동쪽에서부터 거대한 파괴력을 가지고 와서 캄보디아 전역을 급습하고 태국 국경까지 휩쓸었다. 그 앞에는 오합지졸이 된 크메르 루즈와 그들을 도와주던 중국인들이 무자비하게 초토화되면서 쫓겨 달아나고 있었다. 그들은 가옥을 태우고 추수 때가 된 곡식을 불태웠다. 기구들을 부수고 길을 파헤쳤으며 우물에 독을 탔다. 그리고 온 나라에 죽창과 부비트랩, 지뢰를 심어 놓았다.

캄보디아 사람들은 어디에서나 베트남인을 환영하였다. 카키색 군복의 그들을 자기들을 고통에서 해방시켜줄 구원자로 받아들이며 기뻐하였다. 어떤 사람은 재빨리 진군하고 있는 그들의 뒤에 섞여 따라갔다가 다시 반격해 온 크메르 루즈에게 잡혀 무섭게 보복당한 사람들도 있었다. 서쪽 변방에서는 특히 이기고 지고를 반복했다. 제일 불쌍한 사람들이 있었다. 기아 상태로 죽어가던 수만 명의 백성들이 크메르 루즈에게 짐승처럼 끌려갔다. 말라리아가 만연한 태국 국경 근처 숲에 태국 군대의 도움을 받아 안전한 전략 요지를 세워 놓고 그들을 노예로 부렸다. 그들은 물론 중국의 도움도 받았고 베트남의 확장주의를 두려워하는 사람들의 도움도 받았다. 이제 새로이 베트남의 지지를 받는 세력과 캄보디아 백성들을 대항하여 오래 끌었던 게릴라전이 시작되었다. 1980년대에 시작하여 1990년대까지 계속된 내전이었다.

반티엔데이 장군의 지휘로 마지막 공격을 했다. 14연대(13만명)가 공군의 지원을 받았다. 간선 도로에서 크메르 루즈를 분리시키고 나서 그들을 포위하는 작전을 썼다. 크메르 루즈가 무서운 기세로 싸우기는 했지만, 그들에게는 작전도 없었고 무기도 없었다. 더구나 그들은 아무에게서도 도움을 받지 못했다. 혼자 뒤떨어져서 성난 군중에게 잡히는 날에는 혹독한 결말을 맞는 것이었다.

1979년 1월 7일 대낮, 겨우 13일 만에 베트남의 지원을 받은 캄보디아 군대는 프놈펜을 점령했다. 마침내 43개월간의 분별없던 야만 정권이 무너졌다. 수도는 황폐했고 쥐 죽은 듯 고요했다. '쥐'들은 가라앉는 배에서 이미 달아나고 없었다.

베트남이 들어오기 며칠 전에 폴폿은 아직 자기 궁에 감금되어 있는 시하누크에게 찾아가서 문자 그대로 무릎 꿇고 면담을 했다. 그동안 한 번도 찾아온 적이 없었지만, 이제 다시 그를 이용할 때가 왔다. 시들기는 했지만 아직 존경을 받고 있는 그가 사람들이 지긋지긋해 하는 이 정권의 잘못을 덮어줄 수 있을 것이다. 뉴욕 UN에 가서 캄보디아 사건을 세계에 알려서 베트남과 그 동맹들을 물리쳐 주도록 간청해 주지 않겠는가? 베트남 제국주의가 캄보디아의 주권을 침범하고 있다.

크메르 루즈 지도자들에 의해 시하누크는 다시 슬그머니 이전의 역할을 하게 되었다. 그는 UN에서 그들이 하라는 대로 분개하며 베트남 제국주의자를 성토했다. 사실을 말하자면 그들이 없었으면 그는 아직 프놈펜에 갇혀 있을 사람이었다. 그는 파선한 배의 잔해물 조각처럼 기운차게 표면에 떠올랐다. 그가 울고 웃고 손짓하는 것을 보고 사람들은 완전히 혼란스러워 했다. 그가 어떤 입장인지, 무엇을 믿고 무슨 계획을 하는지를 몰랐다. 아무 것도 변한 것이 없었다.

그렇게 주목을 받는 사건의 현장에서 멀리 떨어져 있는 캄보디아의 대중은 당시의 사건에 대해 한 가지 마음이었다. 그들은 죽음에서 구원을 받았다. 물에 빠진 사람들은 국가, 문화, 정치, 역사적 유래에 대해서 왈가왈부하지 않는다. 그저 자기에게 생명줄을 던져주는 사람만이 중요할 뿐이다.

캄보디아 교회의 흩어진 남은 자들은 이 소란스러운 사건들 속에서 구원해 달라던 외침에 결정적으로 응답하신 하나님의 손길을 보았다. 분명히 주님은 하박국의 불평에 신비하게 응답하신 것처럼 그들에게 응답하셨다.

'보라 내가 사납고 성급한 백성 곧 땅이 넓은 곳으로 다니며 자기의 소유가 아닌 거처들을 점령하는 갈대아 사람을 일으켰나니 —그들은 두렵고 무서우며 —왕들을 멸시하며 방백을 조소하며 — 자기들의 힘을 자기들의 신으로 삼는 자들이라' (하박국 1:6-11)

틀림없이 거룩하신 하나님께서 섭리하실 때 악한 이방 족속 갈대아 사람, 불경건하고 거만하고 죄 많은 나라를 사용해서 악한 나라를 심판하시는 것은 신비에 속하는 일이다. 그러나 그들이 유대인이

건 캄보디아인이건 하나님의 백성에게 불변하는 메시지는 '의인은 믿음으로 살아야 한다'는 것이다.

1973~75년 부흥의 시기에 프놈펜의 많은 집회에 몰려왔던 수많은 사람 중에서 남은 성도는 수백 명에 지나지 않았다. 살아 남은 목사도 3명뿐이었다.

참까러 집단촌에서 레비나는 비록 아내와 아이들을 잃었어도 주께 매달리며 눈물로 간구하고 있었다. 그는 크메르 루즈의 탈주자 명단에 있었지만 그가 살던 곳에 베트남군이 들어와 살아날 수 있었다.

1978년 12월, 멀리 동남쪽에서 그들이 다가오는 소리가 들려왔다. 레비나는 날마다 크메르 루즈 요원들이 더욱 잔인하고 참을성이 없어지는 것을 지켜보고 있었다. 그런데 어느 날부터인가 그들이 사라지고 있었다. 무리지어 서쪽으로 가는 것이었다. 레비나와 그 마을 사람들은 동쪽에서 오는 것이 무엇이든 간에 현재의 악몽 같은 상태보다 결코 더 나쁘지는 않을 것이라고 생각했다. 변화가 있으리라는 생각만으로도 그들의 마음에는 옹까 이후의 삶이 있으리라는 새로운 희망을 갖는 것이었다.

크메르 루즈가 조용히 떠나고 베트남군이 요란스럽게 오던 그 사이 잠시 기괴한 정지 기간이 있었다. 어느 날 오후 레비나는 숨어 있던 숲에서 군인들을 가득 실은 트럭이 마을로 들어가는 것을 보고는 얼른 그곳에서 나와 그들을 맞았다. 트럭에 타고 있던 젊은 베트남 군인들이 멈추더니 사람들에게 주려고 쌀자루를 내리는 것이었다. 한 사람이 라디오를 가지고 있어서 잠시 빌려달라고 하였다.

무엇이든지 어떤 소식이든지 바깥 소리를 듣고 싶었다. 죽음의 그늘에 있는 이 땅 밖에서 하는 소리를 듣고 싶었다. 그때 주파수가 맞았는지 소리가 들렸다. 노래 소리였다.

고요한 밤, 거룩한 밤, 어둠에 묻힌 밤
주의 부모 앉아서 감사 기도 드릴 때,
아기 잘도 잔다, 아기 잘도 잔다.

레비나는 눈물을 흘리며 미소짓고 있는 젊은 군인을 바라보았다.
"크리스마스예요? 정말로?"
"예, 맞아요." 젊은이는 자기 라디오를 받아 들더니 트럭을 타고 떠났다.
영원하신 창조주 하나님의 말씀이 육신이 되어 이 땅에 오셨다. 레비나와 함께 고통당하신 그분은 은혜와 진리로 충만하셨다. 캄보디아에 다시 크리스마스가 온 것이었다.
메콩 강 근처의 *끄라쩨성*에서는 레아 예악 목사와 그 가족이 크메르 루즈가 강 건너 서쪽으로 달아나는 것을 보고 있었다. 그들에게 자유가 왔다. 이제 자기 믿음을 공개적으로 고백할 수 있게 되었다.
캄보디아 전 지역에 이러한 일이 일어났다. 교회의 그루터기가 너무 낮게 잘려서 마른 땅에 죽은 것 같았는데, 물 냄새에 싹이 나고 연한 가지가 나오는 것이었다.
1979년 1월 레악 예아 목사와 그와 함께 했던 사람들은 커다란 대나무 뗏목을 만들어 그것을 타고 메콩 강을 따라 내려왔다. 그들은 그렇게 4년 전 쓰라린 마음으로 탈출했던 프놈펜에 안전하게 도착하였다.

베트남인들은 몇 달 동안 귀환자들이 부두에 내리거나 도시로 들어가지 못하도록 금지했다. 그래서 그들은 더 아래로 내려가서 남동쪽 끝 따크마 성경 학교가 있는 근처에 내렸다. 1979년 2월의 일이었다. 여기에서 그들은 집을 짓고 물고기를 잡았으며 과일과 뿌리, 채소와 같은 식량을 구했다. 그리고 새롭게 감사한 마음으로 하나님께 예배를 드렸다. 1979년 크리스마스 날, 그들은 뚬넙딕 교외 옛 사렙다 교회 부지로 돌아온 귀환자들과 함께 축하 예배를 드렸다.

따크마 바로 남쪽에서 예아 목사는 크메르 복음 교회의 크메르 끄라옴 선교사인 시앙 목사를 만났다. 그는 베트남 남부에서 비교적 방해를 받지 않고 열매 있는 사역을 하다가 1979년 베트남군이 크메르 루즈를 물리치자 돌아온 것이었다. 지금 그는 조용히 바나나 농장을 하며 살고 있었다. 여기 넓은 바나나 잎에 둘러싸인 보금자리에 새 교회가 시작되었다. 적은 무리였지만 현지인들이었고 새신자 옛신자 뿐 아니라, 베트남 남쪽에서부터 온유한 할아버지 목사를 충성스럽게 따라온 사람들도 있었다.

이 농장에서 멀리 떨어진 곳에서 또 교회가 한 군데 더 생겨나고 있었다. 이전 성경 학교 근처였다. 그 성경 학교는 수십 년 동안 시앙 목사를 포함한 수백 명이 세례 받고 제자 훈련을 받은 곳이었고 전국적으로 무슨 모임이 있을 때면 모이던 곳이었다. 순교한 땅 치어가 캄보디아 함락 이틀 전에 마지막으로 설교한 곳이기도 하였다. 그런데 이제 그 씨앗들이 흩어져 땅에 떨어졌다가 물 냄새를 맡고 지하에서 솟아 나와 딱딱한 대지를 뚫고 싹을 내미는 것이었다. 연한 새순이 이제 하늘을 향해 뻗어나고 있었다. '주가 심으신 가지'가 이제 눈에 띄었다.

크메르 루즈는 프놈펜 안의 모든 것을 파괴했고 약탈했다. 쓰레기와 녹슨 자전거, 수레들이 산더미처럼 어지러이 쌓여 있어 도시로 들어가기가 어려웠다. 잡초와 잡목들이 길가에 자라고 있었고 빌딩 안에 작은 나무가 뿌리를 내리고 있었다. 부패한 냄새가 코를 찔렀다. 그러나 버려진 도시에 서서히 생명이 돌아오고 있었다. 더욱 많은 사람들이 날마다 차단 방벽을 슬그머니 넘어 들어와 도시는 거대한 무단 입주자 집단 주거지와 같은 모습이 되고 있었다.

1979년에 프놈펜에 돌아온 성도 중에 이전 성경 학교 학생이던 소쿤이 있었다. 그는 이전에 그렇게 아름다웠던 도시가 크메르 루즈에 의해 그렇게 파괴된 것을 보고 아주 실망하였다. 크메르 루즈가 서양의 의약품과 다른 소비자 물품들을 자기들만을 위해서 쌓아둔 증거를 아주 많이 볼 수 있었다. 공산주의 체계에는 어디서나 그렇듯이 '어떤 사람들은 다른 사람들보다 더 평등하다.' (Some are more equal than others.)

그가 사랑했던 '기독교의 장소'들은 모두 다른 사람들이 들어차 있거나 다른 용도로 쓰고 있었다. 따크마의 성경 학교도 모든 기독교 상징을 제거한 채 크메르 루즈가 병원으로 사용하고 있었다. 베다니 교회는 모조리 약탈당했고 가시 철망으로 둘러싸여 있었다. 베델 교회는 더러운 창고였다. 베들레헴 교회는 비밀 죽음 수용소 감옥으로 뚜올슬렁에 흡수되어 있었다.

올림픽 운동장 곁 볼로뉴 가를 둘러보다가 기독교 청년 센터 건물을 엿보았다. 그곳은 그가 OMF 선교사들과 캄보디아 기독교 지도자들과 함께 성경 공부를 하던 곳이었다. 우리가 1975년 떠나 온 이후에는 세레이와 다른 크메르 지도자들이 그 프로그램을 맡아서 진행했었다. 그곳이 비어 있는 것 같아서 소쿤은 향수에 젖어 담을 넘어들어가 잠긴 문을 열어 보았다. 다른 곳처럼 가구가 뒤집어져 있고 물건이 없어졌을 줄로 생각했는데 이곳은 그렇지 않았다. 놀랍게도 그동안 먼지가 쌓이고 거미줄은 쳐 있었지만 4년 전 기독교인이 버리고 간 그대로 모든 것이 그 자리에 있었다. 더러운 옹까의 손이 그냥 모르고 지나친 것 같았다.

소쿤은 마음의 눈으로 여기에서 성경 공부를 하던 사람들의 목소리를 들을 수 있었고 그 얼굴을 볼 수 있었다. '불과 5년 전이었나? 오래 된 것 같은데. 그 즐거웠던 웃음소리, 청년들이 농담하던 소리, 열정적인 설교자들, 전도자 훈련 시간, 성경 공부를 하러 날마다 열심히 오던 사람들…… 아참, 성경책들이 있었지!' 그는 공상에서 깨어나 서둘러서 바닥에서 천정까지 선반을 만들어 기독교 서적을 꽂아놓았던 방으로 가보았다. 문을 열자 모든 것들이 이전 그대로 있었다. 꿈이 아니었다. 그는 캄보디아 말로 된 기드온 성경책을 만져 보았다. 우리가 공산당이 오기 전에 부랴부랴 모두 나누어 주고 남은 책들이었다.

1975년 떠나려고 준비하면서 우리는 이 성경책들을 단념했었다. 너무 많아서 다 나누어 줄 수가 없었다. 그런데 이것이 크메르 루즈의 손에 들어가지 않고 지금 소쿤과 성도들에게 가게 되었다. 하나님께서 당신의 말씀을 크메르 루즈의 바로 코앞에다 안전하게 숨겨 두셨다. 이제 프놈펜으로 돌아온 성도들을 위해서 보존해 두신 것이었다. 그들은 자기 성경책을 모두 크메르 루즈에게 빼앗기거나 혼란스러운 와중에 잃어 버렸다. 그들은 하나님 백성 중 남은 자들이었다.

볼로뉴 거리에서 하나님께 구별되었던 집을 우리가 떠난 후에도 하나님께서 사용하셨던 곳이 최소한 또 한 군데 있었다. 1979년 말 경 베트남군이 숲을 폭격하자 혼란에 빠진 크메르 루즈와 죽어가는 가엾은 환자들이 무리지어 태국으로 쏟아져 들어왔다. 나는 의사 두 명을 통역하면서 수 만 명의 피난민을 돌보고 있었다. 그들은 영양부족과 질병에 걸린 상태로 캄보디아와 태국의 국경을 따라서 아란야쁘라테트 남쪽 숲 속에 그냥 쓰러져 누워 있었다. 대부분 영양실조, 설사, 뇌성 말라리아로 죽어 가는 사람들이었다. 그 와중에 날마다 이름도 모를 사람들이 수십 명씩 무덤으로, 그 너머에 있는 불확실한 영원으로 가고 있었다. 그곳 그들의 삶에서는 하나님의 주권이라는 말에 아무런 느낌이 없었다. 내게도 그러했다. 바로 그때 내가 종종 걸음으로 이쪽 저쪽을 다니며 응급 환자를 돌보고 있는데, 이상하게 낙엽 위에 누워 있는 한 젊은 크메르 루즈 군인에게 관심이 갔다. 그는 거의 죽어가고 있었다. 그 장면은 그곳에서 그리 특별한 것도 아니었는데, 그는 커다란 눈으로 내가 가는 곳마다 따라오는 것이었다. 그에게 가서 말을 걸어야 했다.

그 상황에서 내가 그에게 해 줄 수 있는 것은 아무 것도 없었다. 그저 그의 머리를 잡고 펄펄 끓고 있는 관자놀이에 젖은 수건을 대줄 뿐이었다. 나는 그의 귀에 가까이 몸을 기울이면서 들려 줄 '좋은 소식'이 있다고 말하기 시작했다. 그러자 그가 그런 말을 들은 적이 있다고 힘겹게 말하는 것이었다. 론놀 정권 시절에 그가 부상을 당해서 나무 아래 누워 있는데 한 사람이 와서 살아계신 창조주 하나님과 구세주 예수 그리스도에 대해서 말해 주었다. 그는 이 '좋은 소식'에 대해서 더 알고 싶었지만 아무도 도와주는 사람이 없었다. 그런데 1975년 4월 프놈펜이 함락되고 시민이 모두 시골로 강제 추방을 당할 때 그는 크메르 루즈 진영에서 빈 도시를 지키는 사람이 되었다. 규칙적으로 순찰을 도는데 한 집에 햇빛에 바랜 팻말이 특이하게 앞 담장에 붙어 있었다. 거기에 '좋은 소식'이라고 쓰여 있었다. 날마다 그 빈 집을 지나가는데 자꾸 관심이 가서 누가 그곳에 살았고 그들이 가졌던 '좋은 소식'이 무엇인지 알고 싶었다. 그 대답이 알고 싶어서 가까이 갔지만 그 집은 프놈펜의 모든 다른 집처럼 비어 있었고 조용했다. 나는 몹시 궁금해져서 그곳이 어디쯤이었는지 물었다. 의심할 것 없이 그곳은 볼로뉴가 10번지에 있는 복음 센터(Good News Center)였고 내가 1975년까지 살았던 집이었다. 나는 그에게 내가 바로 그 집에 살았던 사람이라고 하며 그곳에서 가르치던 그 '좋은 소식'이 무엇인지 지금 말해 주겠다고 했다. 복음을 전하자 그는 주의 깊게 들었다. 그러자 우리의 이해를 뛰어넘는 하나님의 전능하신 손이 우리를 이면 곳, 버림받은 것 같은 이 전쟁과 죽음의 장소까지 와서 만나게 하셔서 바로 이런 순간을 맞게 하셨다는 사실에 경외심을 갖지 않을 수 없었다.

　뜨거웠던 그날 오후 그는 하나님 안에서 평화를 찾았다. 그의 입에서 나왔던 마지막 말이 '예수님'이었다. 그리고 그는 혼수상태에 빠졌다. 다음 날 아침 일찍 가보니 병원 직원이 생명이 다해서 굳어진 그의 몸을 무덤으로 옮기고 있었다. 나는 잠시 만났다가 그리스도 안에서 죽은 이름도 모르는 그 청년이 있던 곳으로 가서 잠깐 동안 조용히 앉아 있었다. 우울하고 무서운 곳이지만 이곳은 거룩한 땅이었다. 왜냐하면 여기에 전능하신 하나님이 그분의 왕국을 찾는 자에게 나타나셔서 그를 신속히 집으로 데려가셨기 때문이었다. 그리고 나에게 하나님은 보이는 것은 어떠하든지 모든 것은 그분이 다스리고 계시다고 다시 한 번 확신시켜 주셨다. 더구나 바로 그 순간 나는 주님의 영원하신 팔은 크메르 루즈에게까지 미치는구나 하고 깨달았다. 정말로 주님의 영원하신 팔은 그 후에도 계속 그들을 구원하셨다.

***

캄보디아 성도들은 비록 이제 기독교인이 되었다고 해도 이전의 크메르 루즈를 용서하기가 아주 어려웠다. 태국에 피난민으로 와서도 그들이 교제권 안으로 들어오기는 힘들었다.

레비나는 하나님의 은혜로 이 문제를 즉시로 해결할 수 있었다. 베트남군이 마을 남자들에게 총을 주며 가서 가족을 죽인 크메르 루즈와 모든 매국노들을 죽이라고 했다. 정말로 이전에 크메르 루즈였다가 지금 슬그머니 민간인으로 돌아온 사람들이 많이 있었다.

레비나는 그들의 얼굴을 절대로 잊을 수 없었다. 그러나 그는 총을 받지 않았다. '아니요, 나는 복수하지 않을 겁니다. 그렇게 되면 그들의 죄를 내 손으로 벌하는 것이 되니까요.' 그는 '원수 갚는 것이 내게 있으니 내가 갚아 주리라.'고 하신 말씀과 '네 원수가 목마르거든 마시우라.'는 말씀을 기억했다. 그 말씀이 마음에 남아 있어서 얼마나 좋

있는지 몰랐다. 다른 사람들은 크메르 루즈로 의심되는 사람들을 죽이고 고문하는데 그 모습이 너무도 끔찍했다.

쿰꼬르에서는 송 아주머니가 잃은 아들 때문에 슬퍼하고 있었을 때, 크메르 루즈는 서쪽 숲으로 달아나고 있었다. 베트남의 세력을 업고 돌아온 사람들은 그 때문에 그들이 다시 돌아와서 죽일까봐 두려워하는 사람들은 집단촌에서 나가 이동하기 시작했다. 그것은 1975년 강제로 주거지를 옮기던 때와 같은 대중적인 움직임이었다. 이번이 다른 점은 모두가 이전에 자기 연고가 있던 곳으로 돌아간다는 것이었다.

거의 예외 없이 모두가 잃은 가족을 찾고 있었다. '라마에서 슬퍼하며 통곡하는 소리가 들리니 라헬이 그 자식 때문에 애곡하는 것이라 그가 자식이 없어져서 위로 받기를 거절하는도다.' (예레미야 31:15) 그들은 부서진 고속도로와 간선 도로를 사방으로 다녔는데 거의 모두가 맨발이었다. 갑작스런 눈보라처럼 일제히 공고가 나붙었다. 전봇대, 벽, 나무줄기 등에 이름, 날짜, 탄생지, 가족의 나이, 누가 살아남았고 어디 가면 찾을 수 있는 지가 줄줄이 쓰여 있었다. 심지어 어떤 사람은 '포상'까지 하겠다고 했다. 이러한 특별 공고 주위에 혹시나 사랑하는 사람들을 찾을 수 있을까 하여 사람들이 몰려들었다. 미결인 채로 남아 있던 긴장과 흥분, 행복과 절망의 응축된 세월이 한꺼번에 터져 나오는 분위기였다. 모든 집단촌이 흩어지고 있었다. 베트남인들은 사람들에게 고향으로 돌아가라고 권고하고 있었다. 다행히 조금 시원한 1월이었기 때문에 벼가 추수를 기다리고 있었다. 사람들이 마음대로 들어와서 마구잡이로 거두어 갔다. 이제야 마음대로 거두고 고기 잡고 추수할 수 있었다. 당분간은 살 수 있을 정도로 식량을 거둘 수 있었다. 1978년의 약탈에 대해 걱정하는 사람도 없었고, 1979년에 추수할 것을 위해 모내기 걱정을 하는 사람도 없었다. 당장에 개인과 가족의 회복이 급선무였다. 그렇지만 1979년 말, 식량 재고가 바닥이 나자 기근으로 큰 파국을 맞게 되었다.

품꼬르의 몇 명 되지 않는 신자들은 하나님의 자비하신 구원에 기뻐하며 그분의 축복과 인도를 구하면서 제각기 기도하던 곳으로 떠났다. 송 아주머니는 자기 뿌리와 가족과 믿는 친구들이 있는 바탐방으로 가겠다고 했다. 딸인 띠에렌과 함께였다. 그들은 걷다가 베트남군 트럭이 있으면 얻어 타기도 하였다. 시엠립을 지나 시소폰까지 가는 동안 아무도 아는 사람을 만나지 못했다. 예전에 익숙했던 마을을 지나왔는데 모두 붕괴되고 약탈당하고 잡초가 무성해 있었다. 4년 전에 떠난 마을인데 해골과 쓰레기로 어지러운 황량한 곳이 되어 있었다. 마침내 감격스럽게도 바탐방 가까이에 있는 뜨마꼬울과 츠까에꾼 마을에 도착했다. 그곳에서 시우 언니, 츠혼 오빠 올케 참로엔, 홈 목사와 어릴 때부터 알고 있던 믿는 친구들을 모두 만났다. 할 이야기도 많고 질문도 많았지만 그저 모두 너무 슬퍼서 눈물만 흘렸다. 그들은 헤어진 후 너무도 가슴 아픈 일들을 겪었다.

그런데 더 서쪽으로 갈수록 베트남이 통제하는 곳은 위험했다. 츠까에꾼에서는 크메르 루즈가 밤에 습격하여 피의 보복을 하였다. 베트남 사람들은 일반인이 있는 마을에서는 발포하는 일을 자제하였지만, 크메르 루즈는 사람의 생명에 대한 존중이 없이 마음 내키는 대로 총을 쏘았다.

1979년 친 베트남 정권은 캄보디아 내에서 크메르 루즈 저항군을 완전히 장악하려고 했기 때문에 모든 전선이 위험하고 불확실했다. 아직도 시골에는 테러 지역이 남아 있었다.

새 정권에게도 쌀 문제는 이차적 관심거리였다. 곡식을 하나도 심지 않아 기근이 아주 심해져서야 문제로 부각이 되었다. 4년 간 노예로 노동하면서 연명 수준의 급식을 했기 때문에 이미 모든 국민이 연약한 상태였다. 태국 국경이 가까웠기 때문에 수십만 명의 캄보디아인들은 태국에서 국제 NGO들이 식량과 약품을 나누어 준다는 소식을 듣고 베트남 군대의 대열과 지뢰밭, 크메르 루즈 게릴라와 그 일당에게서 빠져 나오기 시작했다.

1979년 4월, 송 아주머니는 위험을 무릅쓰고 그들과 합류하여 농참으로 길을 떠났다. 그곳은 태국 캄보디아 국경의 임자 없는 땅에 수십 만 명이 살고 있는 넓은 난민촌이었다.

그러한 부락은 점차로 베트남을 반대하던 세 그룹 중 하나가 다스리면서 구호물자 중 좋은 것은 전부 자기들에게로 빼돌렸다. 그 세 그룹은 크메르 루즈 공산당, 시하누크 왕당파, 그리고 가장 오래된 그룹이고 1975년부터 크메르 루즈에 대해서 계속 익명으로 비난하고 있던 크메르 세레이 공화당이었다. 이제 이 그룹들은 지난 10년 간 서로 불편한 관계이긴 했지만, 친베트남 형삼린 괴뢰 정권을 무너뜨리기 위해 편의상 연합하여 게릴라 군을 형성했다. 1982년까지 태국 국경에 그 근거를 두고 있던 반베트남 삼자 연합 동맹은 사실상 프놈펜에서 '베트남 괴뢰'들과 내전을 하였다.

시하누크공을 창구로 내세우기는 했지만 사실은 크메르 루즈가 군대와 정치를 움직였다. 그들만이 뚜렷하고 경험이 있었으며 엄격하게 훈련된 광신적인 군사를 보유하고 있었다.

태국은 자기 국경 안에 그들을 위해서 안전한 보금자리를 내주었고 중국 무기를 대주었다. 캄보디아인들은 아직도 계속해서 자기 동족을 더 죽이려고 하고 있었다.

다행히 농참은 크메르 루즈가 다스리는 곳이 아니었다. 그래서 분위기는 특별히 다른 점이 없었다. 자유를 위해 싸우는 사람들이 임시 찻집 주위에 몰려 앉아 있었고, 태국과 캄보디아의 암시장이 있었으며, 모든 상거래에는 부패와 악이 함께 있었다. 대부분의 사람들처럼 송 아주머니도 이기심, 탐욕, 대대적인 부패가 만연하는 농참의 분위기에 충격을 받았다. 동족의 도덕적 신체적 상태가 그렇게까지 좋지 않은 것이 가슴 아팠다. 불교가 겉으로나마 제공하던 윤리마저 지난 4년간 잔인하던 크메르 루즈 치하에서 전부 파괴되어 사라진 것 같았다. 남은 것은 강한 자가 살아 남는 정글의 법칙뿐이었다.

1979년 5월, 국경 주변 상황은 심각했다. 모든 공적 수용소는 피난민들로 터질 지경이었다. 피난민과 서로 반목하는 게릴라군 수십 만 명이 국경 주변에 득실거렸다. 그들은 모두 날마다 날라다 주는 식량과 물에 의존하여 살 수 밖에 없는 사람들이었다. 베트남군이 대거 태국으로 들어오는 것은 중대한 사건이었고 태국 마을 자체의 안전에 위협이 되었다. 태국 정부에게는 악몽과 같은 일이었다. 그리고 아무리 외국 원조가 많이 오고 일부는 외국으로 이주해간다고 해도 태국 손을 벗어난 이 새로운 '불법 이민자들'의 일을 누가 전부 맡겠는가? 그들이 기근과 게릴라 전이 한창인 현재의 캄보디아로 돌아갈 확률은 거의 없었다. 그로부터 14년 후인 1993년이 되어서야 마지막 캄보디아 피난민이 서양으로 이주 하든지 아니면 다시 캄보디아로 돌아가든지 하였다. 더구나 태국의 동부 국경의 난민 수용소에는 북쪽에서부터 남쪽까지 1975년 인도차이나 반도의 국가들이 공산화가 되면서 라오스로부터 온 흐몽 족, 라오족, 베트남의 '보트 피플' 그리고 서양 이주를 기다리는 캄보디아인이 차고 넘치고 있었다.

이미 피난민으로 넘치고 있던 태국은 1979년 베트남군이 서쪽으로 밀려오면서 '불법 입국자'의 홍수로 몸살을 앓았다. 그래서 1979년 1월 이후로 들어오는 사람들에 대해서는 제재를 하기 시작했다. 외국인들에게 접근하지도 못하게 했고, 태국 국경에서 발포를 하기도 했으며, 강제로 캄보디아 쪽으로 돌려보내기도 했다.

태국이 수만 명을 돌려보내어 죽은 사람도 많았지만, 이미 언급했던 대로 1975년에서 1993년까지 태국은 자기 나라에 수십 만 명을 수용했다. 필리핀과 인도네시아도 가난한 나라이기는 했지만 수용소를 마련했다. 이슬람 국가인 말레이시아는 캄보디아 사람 중 무슬림 신자만 받겠다고 하며 '서양'으로 이주할 때까지만 데리고 있었다. 그러한 나라들에게 인도차이나에서 홍수처럼 쏟아져 나오는 피난민은 악몽이었다. 말레이시아는 자기 나라에 상륙하면 발포하겠다고 경고를 하기도 했다. 그리고 홍콩도 그곳 수용소에 들어온 반항적인 베트남 피난민 때문에 골치를 앓았다. 정말로 자비를 베풀기 위해 필사적인 노력을 해야 했다.

내 생각에 만일 1975년 이후로 인도차이나 반도의 피난민을 서양으로 이주시키는 프로그램이 없었더라면 그렇게 많은 사람들이 자기 집을 버리고 국경을 넘지는 않았을 것이다. 일단 시작이 되니 끝이 없었다. 될 수 있는대로 풍요한 서양으로 가서 사는 기회를 잡고 싶어 했다. 서양으로의 이주가 주는 기대는 난민촌의 사람들에게 아주 성능 좋은 자석과도 같았다. 본국으로 돌아갔을 때 생명이 아주 위험에 빠지게 되는 사람 외에는 세상의 다른 곳처럼 사람들이 집으로 돌아갈 때까지의 임시 피난처로 했으면 더 나았을 것이다. 이들 중 많은 사람들이 자기 나라에 필요한 기술과 자격을 가지고 있었다. 물론 이웃 나라라고 해서 이 피난민들을 무한정 참아줄 수는 없었다. 그래서 태국이 그들을 피난민이 아니라 불법 이민자로 규정한 결정은 이해할 만하다. 그렇다고 해도 이 피난민 문제를 자기 나라의 사악한 정치적 군사적 전략의 빌미로 이용한 것은 무책임한 행동이었다.

1979년 UNHCR(유엔 고등 판무관)*은 외교적으로 불가능한 상황에 처하게 되었다. 태국에 대해 이의를 제기하는 것은 국내 문제를 간섭하는 것으로 분노를 자아내는 일이었고, 아무 말도 않고 그냥 두는 것은 비도덕적인 일이며 피난민의 분노를 사는 일이었다. 모두가 그 기관을 이빨 빠진 호랑이라고 비난했는데 맞는 말이었다. 태국은 각

---

* 동남아시아 국가 협의회(The Association of South East Asian Nations:ASEAN)에는 원래 태국, 말레이시아, 싱가포르, 인도네시아 그리고 필리핀이 포함되어 있었다. 그것은 처음에 베트남 공산주의의 확장 정책을 간파하고 그것을 막기 위한 안전장치로 결성된 것이었다. 그러나 1995년 베트남은 ASEAN에서 정회원이 되었고 캄보디아는 옵서버 자격을 얻게 되었다. 지금 이 기관은 정치 경제 협력을 주된 목표로 하고 있다.

오를 하고 자기 주장을 이야기하는 개인들을 좋아하지 않았다. 더구나 그 지역에 있는 다른 나라들 처럼 태국도 피난민의 지위나 의전을 심사하는 UN 협약의 가맹국도 아니었다. UNHCR이나 국제 적십자사와 같은 비중 있는 국제기구가 하려고 하는 일들이 태국, 캄보디아, 베트남의 정치적인 실용주의 때문에 취소되는 경우가 많았다.

그러한 위기의 때이니 모든 나라가 UNHCR과 같은 기구가 인도주의적으로 베푸는 혜택에 대해서 정치적으로 심각하게 관심을 가져줄 것이라고 쉽게 믿은 것이 잘못이었다. 한 나라의 외적인 압박 상태를 묵인하거나 마지못해 따랐던 것은, 그 당시 그 나라에 정치적, 경제적으로 이득이 있었기 때문이었다. 어느 나라가 피난민과 그들의 '권리'를 위해서 자기 나라의 이득이나 주권을 포기하겠는가. 그것은 예상할 수 있는 일이었다.

UNHCR의 관심이 주로 피난민의 권리를 보호하고 정치적으로 교정하는 일에 있었다면, 베트남과 캄보디아는 크메르 루즈와의 전쟁에서 승리하려는 것이 주된 목적이었고, 태국은 베트남의 영토 확장을 저지하려는 속셈이 있었다.* 갑자기 태국은 크메르 루즈 공산주의자

* UNHCR:The United Nations High Commission for
Refugees- UN 난민고등판무관사무소.

들이 피난 오는 것을 환영하고 그들의 군사적인 전략을 돕는 태도를 취했다. 불과 2년 전만 해도 자기 국민을 대량학살하고 자기네 영토를 침범해 오던 그들을 돕는 것이었다. 같이 불교를 믿는 캄보디아 시민은 환영하지 않을 때도 있었다.

태국은 '왜 선진국도 아닌데 다른 사람이 시작한 일의 부수적인 결과로 고통을 당해야 하는가? 가만히 보니 대다수가 그저 서양의 '유복한 삶'이라는 경제적 이유 때문에 이민을 가려고 하는 것 같은데, 왜 우리가 그런 시중을 들겠는가?' 그렇게 생각했다. 분명히 '서양에서의 재정착'이라는 요인이 문제의 핵심을 흐려 놓았다. 캄보디아에서 적어도 그렇게 영구적으로 우르르 나올 필요는 없었는데 서양 이주가 그것을 장려하였다. 그래서 언제나 그렇게 순진하지 않던 피난민이 오래 끌고 있는 정치 경제의 장기판에서 희생시켜도 좋은 말(馬)이 되었다.

"당신들이 캄보디아의 가난한 국민을 도우려고 한다면 우리 정부의 법을 지켜야만 합니다." 1980년대 내내 서양이 무역을 금지하자 새로 권력을 잡은 프놈펜의 친베트남 정권이 그렇게 말했다. 그들은 외교적으로 고립되어 있었다.

중국은 1980년대에 아시아나 서양에서 될 수 있는 대로 베트남을 미국으로부터 고립시키고 싶었고, 그들이 캄보디아 문제로 궁지에 빠지는 것을 흡족해 했다. 1979년 3월에 침략까지 하여 베트남을 응징하려고 했는데, 결과적으로 성공하지 못했다. 그렇지만 1979년에 특기할 만한 일은 세계의 나라들이 UN과 같은 기관이 여는 국제적 포럼에서 크메르 루즈의 대량 학살에 대해 더 이상 추궁하지 않는 분위기가 되어 버렸다는 것이었다.

이제 크메르 루즈가 아니라 베트남이 국제적인 악당이 되었다. 아무리 설득해도 캄보디아 내 국민들이 몰려 있는 궁지에 대해서 진정으로 관심을 가지는 나라는 거의 없었다. 반(反)베트남 정서가 아직 아주 강해서 무슨 일이 있어도 캄보디아를 침범하는 베트남을 응징하려는 생각밖에 없었다.

1979년 6월, 태국의 상황이 막바지에 이르렀다. 농참 국경지역에 있는 송 아주머니는 프라이팬에서 나와 불 속으로 들어간 것 같았다. 베트남은 폭격한다고 위협하고 있었고 캄보디아 게릴라 그룹과 강도, 태국 군인들도 아주 위험한 상대였다. 날마다 암시장 상인들이 상품을 가지고 밀려 들어왔다. 이들 대부분이 태국인, 중국인으로 금광 마을인 아란야쁘라테트에서 온 사람들이었다. 그곳에는 캄보디아인들도 많이 있었는데, 그중에 뇌물을 써서 이전의 피난민 수용소에서 나와 동족의 물건을 훔치고 착취하고 속이는 사람들도 있었다. 캄보디아인들은 크메르 루즈 시대에 갖은 방법을 동원해서 숨겨 두었던 금이나 보석으로 무엇이든지 지불했다. 그 해에 국제 시장에서는 금값이 천정부지로 올라 있었기 때문에 기대 이상으로 물건을 살 수 있었다. 금 같은 것이 없는 사람들은 정말로 살기가 힘들었다. 이 때문에 정글의 법칙이 지배하는 수용소 주변에는 살인, 강간, 사기, 강도가 일상적인 일이 되어 있었다. 재물을 얻기도 하고 잃기도 했다. 이러한 나쁜 짓을 하는 사람들이 일제 픽업트럭을 타고 조용했던 태국, 캄보디아 국경 길을 질주하다가 교통사고를 내어 수십 명이 죽기도 했다.

그래서 1979년 태국군이 100대가 넘는 버스로 농참에 와서 더 안전한 곳으로 데려다 준다고 했을 때 송 아주머니는 그것이 아주 합리적인 일이라고 생각했다. 버스는 아주 복잡했고 공기가 통하지 않아 답답했다. 그러나 태국 군인들이 웃으며 한 시간이면 새로 마련한 곳에 갈 수 있다고 하여 모두 힘을 내었다.

다른 사람들처럼 송 아주머니도 버스를 타고 캄보디아 국경 서쪽으로 가면서 아주 기대에 차 있었다. 사실은 몇 년 만에 처음으로 버스를 타보는 것이었다. 어떤 사람들은 방콕으로 간다고 생각했다. 그런데 이상하게 버스가 북쪽으로 가고 있는 것이었다. 떠날 때는 가벼웠던 마음들이 무거운 침묵으로 바뀌었고, 그들이 다시 동쪽으로 가는 것이 분명해지자 공포에 질려 당황하기 시작했다. 송 아주머니는 버스가 인적 없는 숲길로 달리고 있는 것을 창밖으로 뚫어지게 쳐다보고 있었다. 갑자기 순간적으로 이정표가 보였다. 시사껫! 그들은 길도 없는 정글 지역인 당렛 산맥을 지나 캄보디아의 북동쪽에 있는 쁘레아비헤아로 가고 있는 것이었다.

이제 버스는 가파른 오르막을 덜컹거리며 힘겹게 가고 있었다. 비가 쏟아지기 시작했다. 버스가 멈추자 총을 멘 태국 병사들이 큰 소리로 나오라고 외쳤다. 두려움이 현실이 되는 순간이었다. 그들은 지치고 배고픈 채 비를 맞으며 버스에서 나왔다. 노인도 있었고 어린 아이를 업은 어머니들도 있었으며, 암시장에서 산 진바지를 입은 젊은 이들도 있었다. 새벽 5시, 수백 명의 동네 사람들은 흐느끼며 울고 있었다. 송 아주머니도 배고프고 비참한 마음으로 함께 있었다. 머리 위에 헬리콥터가 배회하는 소리가 들렸다. 태국 군인들은 큰 소리를 치며 총과 채찍으로 사람들을 더 깊은 숲 속으로 몰고 있었다. 회색 안개가 나무 꼭대기를 감싸고 있었다. 그곳은 높은 고원 지대였다. 가파른 협곡으로 가까이 가는데 머리 위로 가끔 총소리가 들렸다. 송 아주머니는 공포에 질렸다. 모두를 가파른 계곡 저쪽으로 밀어내려는 것 같았다. 그쪽은 캄보디아였다. '보시오, 저기가 당신들 나라요. 이제 가시오.' 태국 군인들이 송 아주머니 뒤에서 소리치는 것이었다.

'지옥의 계곡'으로 그들은 굴렀다. 비명 소리가 연이어 들렸다. 수천 명이 계속 그렇게 굴렀다. 그 일이 며칠 동안 계속되었다. 가파르고 미끄러운 산허리에서 뒤엉클어지며 곤두박질쳤다. 어린아이들은 비명을 질렀다. 쓰레기 더미를 절벽에 쏟아 붓듯이 상하고 쓸모없는 그들을 절벽 아래로 밀어냈다. 아무도 태국 쪽으로 다시 돌아갈 수가 없었다. 태국 쪽으로 가려는 사람들은 아무리 뇌물을 바치고 간청을 해도 모두가 총에 맞아 죽었다.

그보다 더 나쁜 일이 아직 남아 있었다. 사람들은 운명에 맡기고 기를 쓰고 계곡 아래로 내려 갔다. 그런데 그곳은 지옥이었다.

조용한 계곡이 갑자기 폭발과 비명 소리로 메아리쳤다. 지뢰의 뇌관을 터뜨린 것이었다. 계곡 전체가 거대한 지뢰밭이었다. 몇 시간 동안 비명과 상처 입고 죽어가는 자의 신음 소리가 계속되었다. 송 아주머니의 딸은 죽창에 찔렸고 그 앞에 있던 여인은 몸이 산산이 부서졌다. 송 아주머니 주위는 온통 혼란과 형체를 알 수 없는 시체, 피, 그리고 병적 흥분으로 가득했다. 살아남은 사람들은 망연자실해서 꼼짝 못하고 얼어붙어 있었다. 그러나 조금씩 앞으로 가기 시작했는데 이번에는 지뢰를 피하기 위해서 먼저 지뢰를 밟아 죽은 불행한 시체 위를 밟고 갔다.

그 후 며칠 동안은 별로 지뢰를 만나지 않고 여기까지 왔다. 그러나 숲 속에 널려서 썩어가는 시체의 지독한 냄새와 소름끼치는 장면을 참으며 와야 했다. 여기저기 나뭇잎 더미 사이에서 몸을 비틀며 죽어가는 가엾은 사람들이 많았다. 심하게 상처를 입고 버려져 있었으며 팔을 벌리며 애타게 도움을 청하고 있었다. 죽은 사람들은 대부분 중국계 캄보디아인으로 태국을 지나 캘리포니아로 가서 보다 나은 삶을 살려고 희망했던 도전적인 사업가들이었다.

'자, 이런 태국 사람들을 당신은 어떻게 생각하시오?' 베트남 점령군이 간신히 살아 남은 사람을 만나서 하는 냉소적인 질문이었다. 그러면서 그들은 돌아오고 있는 사람들을 트럭에 태워 더 안쪽에 있는 깜뽕똠으로 데리고 가서 기본적으로 필요한 것들을 제공하고 자유롭게 해산시켰다.

송 아주머니는 예수 그리스도를 증거할 기회만 있으면 놓치지 않았다. 홈 목사가 그러했듯이 송도 고향에서 멀리 떠나 온 베트남 병사가 자기 말에 귀를 기울이는 것을 알고, 이 사람 저 사람과 말을 나누기 시작했다. 밝은 미소를 띠며 친절하게 다가와 '주 예수님을 아세요?' 라고 물을 때 건장한 남자들조차 심각해지고 생각에 잠기는 것이었다. 어떤 사람은 미소를 지으며 고개를 끄덕였다. 또 어떤 사람은 자기들의 안전과 가족을 위해서 기도해 달라고 부탁하며 대화를 계속하였다. 베트남 사람 중에는 천주교 배경을 가진 사람들이 많았다. 베트남에서 복음적인 개신교는 전쟁과 역경의 세월을 오랜 기간 지내면서 핍박을 받았고, 그 가운데 성장하고 강인해졌다.

때는 우기가 막 시작되는 6월이었다. 송은 거의 언제나 젖어 있었고 발에는 상처가 나 있었으며 길 가에서 자면서 아직 가지고 있던 금 몇 조각으로 쌀을 바꾸어 먹었다. 그와 같은 귀환자는 수천 명이나 되었는데, 그들은 간선 도로를 따라서 서쪽 시엠립으로 가고 있었다.

그 일행은 이미 겪은 슬픔에 더하여 가다가 강도를 만나 맞기도 하고, 옷을 빼앗기기도 하였다. 외진 곳에서는 호랑이를 만날까 두려워했고 무자비한 크메르 루즈 게릴라나 소수족의 습격을 받을까 두려워했다.

1979년 7월 어느 날 보니, 자기들이 떠났던 품꼬르의 깜뽕끄데이 마을에 다시 와 있었다. 완전히 돌아서 온 것이었다. 그 마을 사람들은 자기들의 영적인 어머니가 다시 돌아온 것에 아주 기뻐했다. 그리고 헤어졌던 지난 6개월 간 겪은 일을 들으며 놀라워했다. 마침내 송은 시엠립과 옛날 앙코르의 폐허를 지나서 시사퐁을 향하여 가다가 또 다시 수 십 킬로를 걸어서 바탐방으로 돌아왔다.

한동안 송은 태국 국경으로 달아나자는 말에 귀를 기울이지 않았다. 그러나 그 해 말 태국의 제한이 느슨해지고 UNHCR이 카오 제1 당에 아주 커다란 수용소를 국경 가까이 세웠다는 소식을 듣고 송 아주머니는 대담하게 다시 길을 떠났다. 국경 근처에서 한번은 일행과 총알이 비 오듯 쏟아지는 속을 피하여 달아나는데, 그때 그곳에 멈추어 기도하자고 한 적이 있었다. 그러자 다른 사람이 "뛰면서 기도해요!"라고 소리쳤다.

태국 국경으로 피난 온 캄보디아인 약 45,000명이 1979년 6월 여러 장소에서 잡혀서 바로 그 '지옥의 계곡'으로 쫓겨났다. 그들 중에는 바로 며칠 전에 국경 수용소에서 UN 사무총장인 쿠르트 발트하임과 개인적으로 인사한 사람들도 있었다.

1979년 초, 불법 이민자의 임시 수용소가 또 아란야쁘라테트 북쪽으로 30km 가량 떨어져 있는 따프라야라는 작은 태국 마을에 세워졌다. 여기에 1979년 4월 땅벡횡을 중심으로 26명의 캄보디아 기독교인이 들어왔다. 벡횡은 순교했던 땅 치어의 동생이었다. 그는 이전에 미국 CCC와 관계가 있었기 때문에 어떤 영향력 있는 외국인이 2주 안에 횡의 가족을 미국으로 데려 가려고 하고 있었다. 이것은 거의 기적과 같은 일이었다. 그들 일행을 몇 주 후에 가게 되었다.

이 기독교인들은 따프라야를 떠나기 전에 북적거리는 수용소를 전부 돌아다니며 열심히 개인 전도를 하기 시작했다. 그들은 가장 장래가 촉망되는 사람들을 10명 선택해서 집중적으로 가르치고 나서 사람들을 가르치는 교사 장로로 지명했다. 몇 주 후 이 10명이 잡혀가게 되었을 때, 새로 믿게 된 또 다른 3명이 열심히 전도하여 50여명의 성도 그룹이 되도록 조직했으며 기독교 서적들을 나누어 주었다. 적은 셀 모임이 자꾸 늘어나서 성경 공부, 예배, 기도 모임에 오고 싶어했다. 죄를 용서받고 그리스도 안에서 하나님과 화해하기를 구했다. 처음에 있던 성숙한 신자 그룹은 그렇게 짧은 시간 밖에 있지 못했지만 복음에 대한 관심과 반응에 충분히 불을 붙이고 떠났다. 그리스도를 향한 움직임은 일단 불이 붙자 삽시간에 번져나갔다. 12개월 후 1979년 11월, 카오 제 1 당 수용소가 열리자 수만 명에게 같은 일이 벌어졌다. 나는 아직도 당시 셀 그룹 멤버들 이름이 캄보디아어로 적힌 수첩을 가지고 있다. 이제 그 얼굴들은 잘 생각이 나지 않아도 그들이 성경 구절을 열심히 찾던 모습, 더럽고 붐비던 수용소에서 군데군데 무리지어 앉아 모임을 하던 모습을 언제나 잊지 못할 것이다. 그들과 교제하던 순간들은 정말로 소중했고 그들이 죽어갈 때 참으로 고통스러웠다. 대부분이 10대, 20대였다. 한 사람은 나이가 조금 많았는데 11년 동안 승려였던 사람이었다. 심지어 이전에 크메르 루즈였던 사람도 있었다. 17세 정도였는데 팔에 부상을 당하여 들어오게 된 사람이었다. 너무 바빠서 아주 힘들었지만 보람있는 시간들이었다.

1979년 초 나는 국경 근처의 아란야쁘라테트를 떠나 방콕으로 갔다가 말레이시아로 가야했다. 결혼을 위해서였다. 따프라야 기독교 지도자 한분이 방콕에 있는 나에게 전보를 보냈다. 아주 조심스럽게 말을 했지만 그곳에 큰 위험이 있음을 눈치챌 수 있었다. 며칠 후인 1979년 6월 10일, 짧은 편지가 왔다. 아마도 그 운명적인 버스를 강제로 타고 가다가 동정적인 태국 군인에게 부쳐달라고 한 것 같았다. 자세하게 쓰지는 않았지만 그들에게 큰 재앙이 닥치게 된 것을 알 수 있었다. 그들은 방금 아주 무서운 소식을 들은 것이었다.

모든 것의 주인이신 예수 그리스도께, 아버지께, 그리고 성령님께 기도하는 마음으로 이 편지를 드립니다.

그리스도 안에서 사랑하는 형제요 목사님;

최근 여기에 전해진 소식을 알려 드립니다. 우리는 사방에 깊은 두려움과 걱정에 둘러싸여 있습니다. 큰 파국을 맞게 되었습니다. 모두가 곧 생명을 잃게 됩니다. 우리는 이 무서운 상황에서 하나님의 말씀을 읽으며 힘과 용기를 얻었습니다.

"결코 너를 떠나지도 않고 버리지도 않으리라."
그러니 우리는 담대하게 말할 수 있습니다.
"주님이 나의 도움이시니 두려워하지 않겠습니다.
인생이 나에게 무슨 일을 할 수 있겠습니까?"

마지막으로 우리는 모두 아버지와 주 예수 그리스도와 성령님께 기도드립니다. 사랑하는 목사님께 모든 일에 기쁨과 행복과 승리가 있으시기를, 그리고 계속해서 죄에 빠져 방황하는 잃은 양을 주 예수님의 이름으로 구원하시도록, 그래서 그들이 죽음에서 자유하게 되도록 간절히 기도드립니다.

따프라야 성도들로부터

이 편지를 받았을 때는 이미 50여명의 성도들이 45,000명의 다른 캄보디아인들과 그 '죽음의 계곡'을 향해 떠났을 때였다. 그런데 그 중 끼예프 딴이라는 청년이 기적적으로 그 대량학살의 장소에서 기어 나와 태국으로 온 것이었다. 그는 OMF 방콕 주소가 쓰인 내 명함을 가지고 있었다.

그가 나중에 익명으로 뉴욕타임스(1979년 7월 1일)에 자기가 지내왔던 일을 이야기했다. 그는 죽음에서 벗어났을 뿐 아니라 신분을 숨기고 수백 킬로를 여행해서 처음에는 태국 방콕에 있는 OMF 선교관으로 갔다가 UNHCR로, 그 다음에는 미국으로 가서 새 삶을 시작하였다.

그 해 태국이 카오 제 1 당 수용소 여는 것을 허가하였을 때, 나는 이 잔인한 여정에서 살아남은 피난민을 많이 만났다. 한 사람은 기독교인이 아니었는데 나에게 황량한 캄보디아 북부로 가면서 도중에 보았던 장면을 이야기해 주었다. 길 가에서 사람들이 무리지어 앉아서 책을 펴더니 하나님께 기도를 하더라는 것이었다. 1979년 10월에 살아 돌아온 한 기독교인 이야기로는 따프라야 성도 3명이 지뢰밭에서 바로 죽었고, 사람들은 물도 없고 음식도 없는 채로 자기 고향을 찾아 캄보디아 전역으로 흩어졌다는 것이었다.

그러나 송 아주머니와 같은 사람은 태국의 정치적 상황이 달라지기를 기다리다가 다시 빠져나갔다. 그러나 그도 역시 태국 군인에게 배반을 당하여 기아에 허덕이며 지뢰밭과 깊은 숲속에서 헤매야 했다.

따프라야에서 그렇게 심한 어려움을 겪었던 이 착한 청년들은 대부분 틀림없이 오늘날 캄보디아의 어딘가에서 황폐한 영적 상황에도 불구하고 기독교인으로서 성숙하게 자라나고 있을 것이다. 끼예프딴은 다른 사람들처럼 미국으로 갔는데, 그곳도 역시 영적으로 살아남기에 본국보다 쉬운 곳이 아니었다.

1979년 세상에 물의를 일으켰던 것은 한 인간의 목숨이 그렇게도 값싸고 천하게 취급되었기 때문이었다. 한번은 숲속에서 조산을 하여 과다하게 출혈하던 산모를 가까운 병원에서 찾고 있었다. 병원에 이름을 대니 간호사가 큰 소리로 웃으며 이렇게 말하는 것이었다. '우리

가 어떻게 이 많은 환자들의 이름을 알겠어요? 그저 여기를 찾아보아 없으면 저기 구덩이에 있는 거지요.'

내 아내 마가렛도* 이런 경험을 하였다. 아란야쁘라테트에서 갓 믿게 된 모옹 청년이 갇혀 있다가 몇 백 명과 같이 다음 날 국경 너머로 돌려 보내질 예정으로 있었다. 그런데 그가 창틀을 통해 손을 내밀며 애원하는 것이었다. '저를 잊지 않으실 거지요?' 이미 크메르 루즈의 손에 가족도 전부 죽고 자신도 이제 곧 죽게 되었다. 그는 최소한 누군가는 자기가 살아 있었음을 기억해 주기를 바랬다.

캄보디아 사람 중에는 병원 계단에서 우리 팔에 안겨 죽는 사람이 있었다. 그러면 태국 의사들은 농담을 했다. '우리가 죽은 사람을 살릴 수 없었네요.' 한번은 내가 한 청년에게 병원에서 달아나라고 알려 주었다. 의사들이 그의 신장에서 돌을 제거하는 척 하고 신장 이식을 위해서 신장을 떼려고 하는 것 같았기 때문이었다. 그뿐 아니라 숲에는 수많은 사람들이 그저 방치된 채 썩어가고 있었다.

---

* 나는 말레이시아 카메론 하일랜드에 있는 치푸 학교에서 마가렛 록하트와 결혼하였다. 우리는 1972년 그곳 선생님을 하면서 만났다. 마가렛의 부모님은 중국 쓰촨성 청두의 CIM(현 OMF) 선교사 존과 진 록하트였다. 1951년 중국을 탈출하여 부모님이 OMF 필리핀 선교사로 사역하셨기 때문에 어린 시절을 필리핀에서 보냈다. 그 후 영국과 캐나다 알버타에서 학교를 다녔다. 우리는 캄보디아 국경 수용소에서 함께 일했고 1993년 3월 캄보디아로 다시 들어갔다. 우리에게는 영국에서 공부하고 있는 세 딸 ― 엘리자베스, 마가렛그레이스 그리고 캐서린 ― 이 있다.

그 해에도 전년도 이상으로 사람들이 수도 없이 많이 죽었다. 누구인지도 몰랐고 아무도 찾지 않는 사람들이었다. 그저 주머니에 돈이나 담배가 있을까 하여, 아니면 옷을 벗겨 팔려고 다가오는 사람들밖에 없었다.

태국에서도 캄보디아에서처럼 엄격한 불교 신자는 개 한 마리도 죽이지 않았다. 살아 있는 생물을 죽이는 것은 나쁜 운명을 몰고 오는 것이라고 생각했기 때문이었다. 그런데 수많은 캄보디아 피난민들은 심지어 개 한 마리의 권리 같은 것도 누리지 못하였다. 창조주가 독특하고 아름답게 창조한 피조물이기 때문에 인간은 경외감을 가지고 보아야 하는 존재임을 아는 사람은 거의 없었다.

이러한 열악한 환경에서 홈 목사는 자기 가족과 츠까에꾼에 조용히 남아 있었다. 그곳은 크메르 루즈가 1975년 강제로 바탐방 예루살렘 교회로부터 쫓아 보내 살게 한 곳이었다. 크메르 루즈는 가끔씩 사람을 즉시로 죽이지 않고 살려두어 날마다 긴장 속에서 신경이 견딜 수 없도록 하여 서서히 죽음으로 몰아가는 방법을 택하기도 하였다.

홈은 유명했고 많은 사람들이 사랑하는 목사였기 때문에 그러한 방법을 쓰기에 적합한 후보였다. 그가 살아남을 수 있었던 것은 오직 하나님께서 은혜를 베푸셔서 크메르 루즈를 막았기 때문이었다. 홈은 경건한 기도의 훈련이 되어 있던 사람이었다. 매일 밤 환경이 어떠하든지 간에 그는 아내와 시간을 정해 놓고 반드시 기도를 하였다. 밤을 새며 하나님께 기도하는 경우도 있었다. 1977년 후반 크메르 루즈의 시련의 강도가 최고조에 달해 있었을 때, 홈은 범상치 않은 꿈을 많이 꾸었다. 한번은 하늘에 금 열쇠가 보였다. 그때 한 사람이 지구 쪽으로 건너오더니 손을 내밀어 그 열쇠를 잡았다. 그는 벌벌 떨면서 깨었는데 그 꿈에 놀라 흥분해서 아내에게 전하였다. 틀림없이 조만간 구원을 받을 것으로 생각되었다. 이어지는 밤마다 더 강력한 꿈을 꾸었다. 그러한 꿈 이야기를 성도들에게 은밀히 나누었을 때 그들 중에도 같은 경험을 한 사람들이 있었다. 그들은 하나님께서 자기들을 도우려고 준비하고 계심을 확신할 수 있었다. 무언가 새로운 일이 일어날 것이니 기다리며 지켜보자고 서로 격려하였다. 그래서 비록 외적 환경은 계속 악화일로에 있었지만 홈과 몇 안 되는 그의 성도들은 용기를 잃지 않고 속으로 크게 기대하고 있었다.

그런데 1978년, 베트남이 쳐들어왔다는 소문으로 웅성거렸다. 곧 프놈펜이 함락되었다는 소식이 갑자기 들리더니, 크메르 루즈 지도자들이 달아났다는 것이었다. 기적의 간증들이 멀고 가까운 곳에서 들렸다. 치유, 죽음에서의 탈출, 음식의 공급, 또는 예기치 않게 헤어졌던 가족과 만난 이야기들이 무성하게 들렸다. 성도들의 부르짖음을 들으신 하나님께서 친히 내려오셔서 길어지는 고통과 배고픔 속에서 무감각해진 그들의 영혼을 깨우시는 것이었다.

1979년 1월 어느 날 밤, 홈 목사는 바탐방시 방향에서 무겁게 울리는 총소리를 들었다. 북쪽으로 진행되는 총소리를 들으면서 홈은 새로운 희망을 갖는 것이었다. 츠까에꾼 주민들은 아침에 비행기가 원을 그리면서 바탐방에 폭탄을 떨어뜨리는 것을 지평선 너머로 볼 수 있었다.

그 날 오후 늦은 시간에 헝클어진 머리에 기진맥진하는 이방인 둘이 마을에 나타났다. 그들은 프놈펜에서부터 도망오는 크메르 루즈 병사였다. 그들은 베트남인들이 사람들을 마구 죽인다고 하였다. 홈 목사는 그들의 찢어진 옷이나 진지한 목소리를 보아 그것이 사실임을 알 수 있었다. 수도가 무너졌다. 새로운 정권이 들어섰다. 더 이상 옹까가 다스리지 않는다. 베트남인들의 침략이 얼마나 재빠르고 완전했는지 마치 지구의 종말과도 같았다는 것이었다.

그 후 크메르 루즈 수백 명이 뜨마꼬울에서 츠까에꾼을 지나 시소폰 고속도로로 가는 바탐방 간선 도로의 먼지 길을 걸어오고 있었다. 그들은 바벨 강을 향하여 서쪽으로 이동하고 있었는데, 태국 국경 근처의 울창한 숲속으로 가는 것이었다. 그들의 모습은 아주 비참했다. 그물침대를 장대에 매달아 부상자를 메고 있는가 하면 보행자 중에도 심하게 부상당한 사람이 있었다. 길 가에는 초록 풀밭에 검은 색 무더기가 연이어 보였는데 쓰러졌거나 버려진 사람들이었다. 너무 급하게 빠져나오는 바람에 아무런 대비도 없이 도망 온 것이 분명했다. 검은 옷의 크메르 루즈가 마을에 들어왔을 때, 사람들은 크메르 루즈를 대할 때 언제나 그러했듯이 뒤로 물러서서 눈을 돌리며 어떻든지 그들의 눈에 띠지 않으려고 애를 썼다.

그러나 홈 목사는 크메르 루즈가 쫓기는 짐승처럼 스스로 도망하기에 바빠서 다른 사람들이 자기들에 대해 어떻게 생각하는지 돌아볼 여유가 없는 것을 알 수 있었다. 그들의 눈은 어둡고 싸늘했으며 두려움과 증오가 있었다. 이제 마침내 그들이 '대장정'을 시작할 날이 되었다. 사냥꾼이 쫓기게 된 것이었다. 결국 그분이 승리했다. 그들은 이전에 그분의 교회를 돌 위에 돌 하나도 남기지 않고 부수었다. 그들은 말 그대로 목사님과 기독교 형제자매들을 모두 살해했다. 그리고 홈도 죽이려고 했다. 그런데 그들이 그날 오후 비틀거리며 고통스럽게 돌아오는 것을 보니, 과연 미래는 옹까에 속한 것이 아니고 하나님의 백성에게 속한 것임을 알 수 있었다. 홈은 그것이 기뻤다.

후에 그는 크메르 루즈가 시소폰과 몽꿀보레이에서 어떻게 시엠립으로부터 서쪽으로, 바탐방으로부터 북쪽으로 재빠르게 이동하는 중무장한 베트남군에게 쫓겨갔는지 하는 이야기를 들었다. 여기에서도 베트남인들은 지난 4년 동안 야만적이고 잔인하게 백성들을 대했던 크메르 루즈 옹까 군인들을 사람들이 잡아다 끝장내도록 허락하였다.

며칠이 지나서 츠까에꾼도 공격을 당했다. 홈 목사는 가족과 약간의 소유물을 가지고 주위 관목 숲으로 숨었다. 크메르 루즈가 말라리아가 만연하는 숲 속으로 밀어내거나 그저 죽이기 전에 베트남 전선에 가까이 따라가 붙거나, 아니면 마을이나 간선 도로에서 떨어진 곳에 숨어야 했다. 그들은 2주 동안 숲에서 살았다. 총성을 들으면서 논둑 곁 풀밭에서 이슬을 맞으며 잠을 잤다. 이제 베트남이 다스리게 되자 그들은 츠까에꾼으로 돌아왔는데 그것이 크메르 루즈 게릴라가 있는 서쪽보다 낫다고 생각하였기 때문이었다.

놀랍게도 그 전쟁 통에 성도들은 한 사람도 죽지 않았다. 그렇지만 츠까에꾼은 크메르 루즈가 반격해 올 경우 너무 위험한 지역이어서 그들은 몇 킬로 동편의 뜨마꼬울로 가기로 했다. 음식이 떨어지자 홈 목사는 단신으로 츠까에꾼으로 돌아갔다. 우선은 소중히 감추어 두었던 도끼, 칼, 솥 등을 가져오려고 했고 또 주위 논에서 아직 거두지 않은 볏단을 거두어 타작을 하기 위해서였다. 그런데 총소리가 들려 급히 가족에게로 돌아올 수밖에 없었다.

더욱 어려웠던 것은 수천 명이 그 지역으로 밀려오는 것이었다. 캄보디아 전체 인구가 이동하는 것 같았다. 낮에는 식량을 구하러 다니는 사람들로 가득했다. 그러나 대부분이 그러했기 때문에 더욱 깊은 시골 지역으로 갈 수 밖에 없었고 그러다가 크메르 루즈나 도적떼에게 걸려죽거나 아니면 지뢰를 밟아 죽는 사람이 많았다.

밤은 더 무서웠다. 뜨마꼬울 주변에서 전쟁이 한창일 때 성도들은 잘 수가 없어서 새벽 2시부터 아침 5시까지 밖으로 나와 몇 명씩 모여서 기도를 했다.

그들은 자유는 찾았지만 먹을 것을 위해서 싸워야했다. 완전히 적자생존이었다. 물이 제일 큰 문제였다. 크메르 루즈는 고의적으로 우물과 저수지에 시체를 던져 넣어 물을 오염시켰다. 모여드는 사람들 때문에도 물은 더 더러워졌다. 그렇지만 다른 선택의 여지가 없었기 때문에 그것을 끓여서 먹는 수밖에 없었다. 나날이 음식과 전쟁 상황이 더욱 악화되어 가고 있는 것을 보고 홈 목사는 모두를 바탐방으로 옮기기로 했다. 그렇게 바탐방에 간 사람들이 또 수만 명이었다. 바탐방은 거의 4년 동안 버려진 도시였지만, 이제 군중이 몰려들어 나무를 잘라내고 모든 것을 뒤엎어 놓으면서 모두가 더러운 돼지 우리 속의 돼지와 같이 식량을 찾아 헤매고 있었다. 홈도 달구지를 끌고 다른 사람들처럼 날마다 식량을 찾아 다녔다. 크메르 루즈가 돼지, 닭, 오리, 소 등 대부분의 가축을 죽였기 때문에 고기는 거의 구할 수 없었다. 그런데 홈은 어려서부터 쥐 잡는 재주가 뛰어났기 때문에 그것으로 인해 감사했다. 쌀은 다른 사람 집이나 이전의 곡식 창고를 뒤져서 구했다.

그의 아내는 날마다 몇 킬로씩 걸어서 깨끗한 물을 길어 왔다. 그들은 한 명 씩 한 명 씩 모두가 병이 들었다. 아이들은 만성 설사와 옴으로 고생하더니 또 홍역에 걸렸다. 그 빈민가에 전염병이 돌았다. 눈이 짓물렀고 코와 입이 곪아서 그곳에서 벌레가 기어 나왔다. 막내가 곧 죽을 것 같았다. 어린 것이 야위어 뼈만 남았다. 입 안이 다 헐었고 잇몸은 내려앉고 있었으며 아무 것도 삼킬 수가 없었다.

밤 9시쯤 홈 목사가 보고 있는데, 오그라든 작은 주먹을 들더니 한 손가락으로 혀를 가리켰다. 며칠 동안 아무 말도 하지 못하고 있었다. 홈은 소중한 쌀과 바꾼 오렌지 즙을 짜서 한두 방울 입에 넣어 주었다. 아내는 조용히 울고 있었다. 젖을 몇 방울 짜내어 아이의 입을 벌리고 넣어 주었다. 자기들이 할 수 있는 모든 일을 하고, 줄 수 있는 모든 것을 주고 난 뒤 머리를 숙인 채 홈은 어린 아기를 주님의 손에 맡겨 드렸다. '이러한 고난을 당하게 허락하셨지만 당신을 향한 제 마음은 여전합니다. 마음을 다하여 주님을 사랑합니다. 그런데 제 마음은 눈물로 가득합니다.'

새벽 1시, 홈은 손을 뻗어 아이를 만져 보았다. 돌 같이 찼다. 아침에 아이를 감싸 안고 가서 나무 아래 그들이 파 놓은 작은 무덤에 눕혔다. 그렇지만 아버지는 그 어린 아기를 잊을 수가 없었다. 힘이 다 빠지는 것 같았다. 그는 마음이 너무 깊이 흔들려서 하나님께 제발 슬픔을 가져가 주시고 평안하게 해달라고 부르짖었다.

홈과 그의 아내를 절망에서 구해준 것은 바탐방으로 몰려와 교제한 성도들 덕분이었다. 그들은 서로 의지하며 날마다 사는데 필요한 것들을 함께 나누어 쓰고 아이들과 환자를 함께 도우며 일했다. 홈은 목사로서 더 시간을 내어 성경을 가르치고 예배를 인도했으며 심방을 하고 어려운 사람을 위해서 기도해주었다.

고향인 츠까에꾼은 이제 완전히 베트남 정권이 다스리고 있었다. 그곳에 돌아오니 베트남 군인들에게 주님을 증거할 기회도 있었다. 조용한 나무 아래 앉아서 이야기하면서 이제 목사로서의 부르심을 확인하며 다시 기쁨과 감사를 회복했다. 이렇게 나와서 복음을 증거하고 환자를 위해서 기도하며 악령에 사로잡힌 자를 구하는 일이 그가 진정으로 사랑하는 일이었다. 들으려고 하는 자에게 부끄러워하지 않고 복음을 전하며 형제자매의 모임에서 예배와 찬양을 인도하는 일을 그는 참으로 사랑하였다.

홈은 지난 세월 동안 하나님께서 자기를 목회의 길로 부르신 것을 기억했다. 하나님께서는 반복해서 그것을 확신 시켜주셨다. 그런데 의문이 남아 있었다. 과연 자기가 선교사도 모두 떠난 이 시대, 모든 순수함이 사라지고 사람들의 마음이 마비되고 무감각해진 이 캄보디아에서 목회를 할 수 있겠는가?

5, 6월 우기가 시작되면서 그는 마당에 호박, 땅콩, 콩, 옥수수, 감자, 그리고 토란을 심었다. 그리고 어릴 때부터 해왔던 대로 벼를 심으려고 3라이(1라이는 10㎡) 논을 준비했다.

그런데 1979년 10월, 태국 국경 지역에서 식량과 의약품과 인도적인 모든 도움을 무상으로 받을 수 있다는 소식이 마른 볏짚에 불이 붙듯이 확 퍼졌다. 사람들이 수레에 쌀자루와 농기구와 아이들을 위한 보충 음식을 싣고 돌아오고 있었다. 그곳에는 서양인이 치료하는 진료소가 있고 젊은 엄마와 아기들을 먹을 수 있게 해 주는 곳이 있으며, 암시장에서 좋은 옷과 소모품을 적정한 가격에 살 수 있다는 것이었다. 더구나 내지의 난민 수용소에 갈 수 있는 뇌물만 있으면 이미 이주한 캄보디아인 수천 명을 따라서 서양으로 이주할 가능성도 있다고 했다.

마을의 삶이 크메르 루즈 이전의 시대로 돌아오자 다시 반기독교적인 정서가 느껴지기 시작했다. 홈 목사는 자주 병이 드는 아이들의 약을 구하러 바탐방으로 40km를 걸어 다녀야 하는 일이 너무 힘들었다. 몇 달이 지나자 그는 주변에 사람들의 건강과 힘이 회복되는 속도에 비례하여 빠르게 증가하는 부패와 탐욕이 아주 낙담이 되고 실망스러웠다. 공포의 옹까 시절을 지냈지만, 사람들의 마음은 전혀 달라진 것 같지 않았다. 오히려 사람들은 더욱 이기적이고 불경건해졌다.

홈은 육체적, 정신적, 영적으로 아주 지쳤다. 성가시고 제멋대로이며 불화를 일으키는 양떼를 목양하는 일이 버거웠다. 벼가 익어가는 때가 다가오면서 그는 날마다 그것을 지켜야 했다. 쥐가 너무 많아 익은 곡식을 다 먹어버리기 때문에 그것을 죽이거나 쫓아버리는 일도 큰일이었다. 그는 간신히 심은 것 중에서 반 정도 밖에 거둘 수 없었다.

그를 괴롭히는 것이 또 있었다. 그는 쉴 수가 없었고 우울했다. 악이 만연한 이곳에서는 자기 가족이나 목사로서의 자신에게 아무런 희망을 볼 수 없었다. 날마다 많은 사람들이 태국 국경을 향해 가고 있었다. 친베트남 공산 정권이 미치지 않는 자유로운 곳에 쌀과 약품이 있었다. 그런데 문제는 그것이 위험하고 반드시 그곳에 갈 수 있다는 보장도 없다는 것이었다. 크메르 루즈가 다시 돌아올 지 모른다는 두려움도 늘 있었다. 국경이 부르고 있었다. 희망과 변화와 자유와 쉼을 줄 것 같았다. 그래서 홈 목사는 남은 쌀을 금과 바꾸었다. 금 1 훈(1g)은 연유통 15개에 가득 담긴 쌀과 바꿀 수 있었다. 또 여행 경비를 지불하기 위해서도 금이 필요했다. 정해진 가격도 있었는데 예를 들어 꼬끄뭄에서 몽굴보레이까지는 한 사람 당 금 한 훈을 주고 라못(오토바이 한 대가 끄는 수레)을 탈 수 있었다. 베트남 군인들이나 태국 국경으로 가는 사람들을 계속 세워 검문하는 캄보디아 안전 요원들에게 주어야 하는 비용이 또 다양하게 있었다. 매번 설 때마다 금 3~5 훈을 주었는데, 쌀이 든 연유통 75개에 상당하는 값이었다.

국경 수용소에 가까울수록 더욱 위험했다. 강도와 흉악범이 있는가 하면 안전하게 태국 수용소로 데려다 준다고 속이고 막대한 돈을 요구하는 협잡꾼들이 그 주위에 들끓었다. 귀중품을 다 빼앗고 불쌍한 여행자들을 숲속에 버려두는 경우는 그래도 나은 편이고 심하면 그저 강탈하고 죽였다. 지뢰와 부비트랩도 어디에나 있을 수 있었다. 또 크메르 루즈와 같은 세력을 만나면 보통 죽임을 당하거나 포로가 되어 그들의 시중을 들어야 했다.

오직 캄보디아인 중에서 많이 다녀 국경 사정에 밝은 암매상들이 이 장애물을 어떻게 피할 수 있을 지를 알았다. 캄보디아 북서쪽은 구호 기관들이 있어서 나날이 삶의 형편이 달라지고 있었다. 수십만 명의 사람들이 그것에 끌려 쌀농사를 짓는 수고를 하지 않고 피난민, 암매상, 이민자가 되었다. 캄보디아의 곡창 지대에서 이러한 대격변은 악의 고리처럼 식량과 안전의 위기를 심화시켜 더욱 많은 피난민을 발생시켰다. 힘이 센 자, 소수레를 가진 자, 국경 지대로 갈 수 있는 돈을 가진 자들에 의해 공짜 쌀이 다량으로 캄보디아로 들어왔다. 국내에 있는 힘없는 자들은 그 대부분을 돈을 주고 사야 했다.

홈 목사의 가족과 다른 성도들은 이제는 잘 닦인 길을 따라 농싸멧, 꼬끄순, 그리고 마끄문과 같은 경제의 메카로 가면서 밤에는 길가에 있는 들판에서 잤다. 아이들은 차디찬 밤이슬에 떨었고 모두가 너무 무서워서 잠을 자지 못했다. 홈은 자기들이 가진 모든 재산을 자전거에 매달고 힘겹게 끌고 갔다. 구멍이 숭숭 뚫린 모기장, 요란스레 소리 내는 양철 접시 몇 개, 사롱에 싼 옷가지 뭉치, 더러워진 담요, 검게 탄 솥, 물바가지, 그리고 줄어만 가는 쌀자루가 그들이 가진 재산이었다. 자전거 위에는 발이 아프다는 아이를 교대로 태웠다.

며칠 후 태국 영토 바로 안에 있는 농싸멧에 간신히 도착했다. 베트남군이 이 수용소에 포탄을 쏘아대는 와중이었는데 저항 세력이 바로 그 안에 진지를 구축하고 있었기 때문이었다. 그러한 세력은 자기들끼리도 암시장의 주도권과 태국 군 장교의 후원을 얻으려고 서로 싸우고 있었다. 그 대장들은 먼저 살해 당하지 않으면 자기 주머니가 채워지는 즉시 서양으로 떠날 부패한 자들이었다. 그곳에서는 자기의 사회적 신분과 군대 안의 지위를 유지하면서 '캄보디아의 해방' 부대를 조직하여 캄보디아 이주자들을 갈취하여 '해방' 그룹을 후원하게 할 수 있었다.

날마다 배급 장소에서 쌀을 받을 때는 (물론 현지 행정관에게 비용을 지불하고) 이름을 등록해야 했다. 그 외 모든 것은 먼지투성이의 다 시든 채소나 전지가 다 나간 축음기까지 태국과 캄보디아 암시장에서 하늘 높이 치솟아 있는 가격으로 살 수 있었다. 홈 목사는 사람들이 어떻게 그렇게 빨리 시시한 사치품을 갈망하는 지를 보고 놀랐다. 또한 그는 외국인 구조대원들이 뜨거운 날씨나 부패와 탐욕의 진구렁을 마다하지 않고, 피난민을 걱정해 주며 음식을 제공하고, 의료적 처치를 열심히 해 주는 것을 보고 깊은 인상을 받았다.

가장 안전하고 유리한 지점을 찾아서 일주일가량 다니다 보니 가졌던 금을 다 써버렸다. 이제는 쌀을 구걸해야 했고 심지어는 아이들을 암시장에 다녀오도록 보내기까지 했다. 수용소에 깨끗한 물이 있을 법도 한데, 물웅덩이나 강은 전부 목욕과 빨래와 화장실용으로 사용되고 있었다. 악취나는 물웅덩이들은 따가운 햇볕에 마르고 갈라져서 기생충과 병균으로 가득했다. 그래서 물까지 사 먹어야 했다. 상황만 되면 차들이 날마다 물탱크를 실어 날랐다. 물을 등유 통 하나에 가득 채워서 20바트(미국 돈으로 약 1달러)를 받았다. 홈 가족은 돈도 없고 열도 나며 허약했다. 그래서 절망적인 다른 캄보디아 사람들과 함께 위험한 숲 속에서 먹을 수 있는 나뭇잎, 뿌리, 야생 감자를 찾아 다녔다.

상황이 아주 심각했다. 성도들은 잠시 함께 모여 이야기하고 기도했는데, 그중 많은 사람들이 다 그만두고 집으로 돌아가자고 하였다. 홈 목사는 낙심해서 밖으로 나가 자기 가족을 위해서 대나무와 풀로 짓다 만 초라한 집 곁에 섰다. 손에는 이전부터 지니고 있던 성경이 있었다. 그것은 아주 낡았고 때가 탔으며 아예 몇 페이지는 없었다. 크메르 루즈가 다스리던 세월 동안 그는 그것을 지붕 밑이나 침대 아래, 또는 숲 속에 감추어 두었다가 꺼내어 읽곤 했다. 이제 그는 즐겨

읽던 시편 91편을 폈다. 멀지 않은 곳에서 또 폭탄이 날아와 근처에 떨어졌다. 그는 폭탄이 날아오는 쪽을 바라다 보았다. '다시 베트남 사람인가, 크메르 루즈인가 아니면 아마도 태국군이 수용소의 군대장과 다투는 것인가? 틀림없이 캄보디아 가족의 비극적인 이야기가 더 들리겠지. 어떤 것은 사실이고 어떤 것은 과장이 된 이야기가. 집이 날아가고 몸이 영원히 불구가 되거나 갈가리 찢어진 이야기가 들리겠지. 이제 어떻게 해야 하나?' 그는 생각을 집중하기 위해서 성경 말씀을 큰 소리로 읽었다. 주님이 말씀하셨다. '그가 나를 사랑한즉 내가 그를 건지리라. 그가 내 이름을 안즉 내가 그를 높이리라. 그가 내게 간구하리니 내가 그에게 응답하리라. 그들이 환난 당할 때에 내가 그와 함께 하여 그를 건지고 영화롭게 하리라……' 그렇다. 그는 지금 돌아가지 않을 것이다. 남아서 주님의 구원을 기다릴 것이다.

그는 끊임없이 물을 찾아 다녔다. 그러던 어느 날, 넓은 판자촌의 한 구석에서 우연히 그곳에서 잠시 일하게 된 나를 만나게 되었다. 사람들이 외국인 선교사가 가까이에 일하고 있다고 말하는 소리를 들은 것이었다. 그는 함께 있던 성도들과 서둘러 찾아왔다. 나는 그때 작은 오두막에 가득 앉은 사람들을 가르치고 나서 그 가족의 배웅을 받으며 떠나던 참이었다. 내 뒤에는 늘 그러하듯이 호기심으로 따라오는 사람들이 있었고 내 가방과 책을 들어주려고 몰려드는 아이들이 있었다. 막 진흙 구덩이 옆 먼지 덮인 둑을 도는데 뒤에서 손을 흔들며 우리를 부르는 소리가 들렸다. 뒤돌아보니 구덩이를 둘러싸고 있는 둑길을 따라서 한 줄로 줄지어 달려 오고 있는 일행이 보였다. 나는 그 장면을 결코 잊지 못한다. 그 중 햇볕에 타 초췌한 한 얼굴이 유달리 눈에 들어왔다. 내면의 빛과 따뜻함으로 빛나는 얼굴이었다. 나는 알 수 있었다. '이분은 틀림없이 바탐방의 홈 목사님이다. 우리가 사랑했던 그분이다.'

성도들이 금방 우리 주위에 몰려들었다. 서로 끌어안고 눈물 흘리고 인사를 한 후에 우리는 모두 커다란 대나무 그늘에 앉았다. 홈 목사는 만면에 미소를 띠면서 나를 바탐방 성도들에게 소개했다. 끄로마를 잿빛 머리에 쓰고 가까이 앉아 있는 사람은 홈 목사의 어머니린 할머니였다. 아주 쇠약하고 거의 눈이 보이지 않는 상태였다. 자기가 평생 살던 고향에서 쫓겨난 할머니, 이 혼란스러운 장소는 그 할머니가 속해 있는 곳이 아니었다.

성도들은 할 이야기가 많았다. 그렇지만 또한 바깥 소식을 듣고 싶어 했다. 특히 그들이 수년 동안 알고 지냈던 선교사들이 어떻게 지내고 있는지 궁금해 했다. 나는 기억이 나는 대로 모두 전해 주었다. 참로엔과 그 아이들에게 아버지 츠혼 이야기를 해주었다. 5년 동안 소식이 없었고 이전에 군인이었으니 틀림없이 살해당했을 것이라고 생각하고 있었지만, 나는 그가 무사히 피해서 1977년 아란야쁘라테트 난민 수용소에 온 이야기, 그곳 교회에서 성숙한 기독교 지도자요 강력한 증인으로 사역한 이야기, 그리고 1년 후 프랑스에 안전하게 정착해서 잘 살고 있는 이야기를 모두 해 주었다. 또 소뿟에게도 전해줄 말이 있었다. 그의 아들 사무엘도 1977년 안전한 곳으로 피해 왔고 내가 세례를 주었다. 지금 미국에서 잘 살고 있다. 그렇게 이야기가 끝도 없이 계속되었다. 그들은 바깥 소식에 굶주려 있었다.

사무엘의 어머니는 아들을 위해 절박한 마음으로 끈질기게 드렸던 기도가 어떻게 응답되었는지를 듣고 사롱 끝으로 눈물을 훔쳐내었다. 사무엘은 숲 속에서 어머니가 자기에게 주 예수님께 돌아오라고 간청하는 꿈을 꾸었다고 했다. 나는 가능한 빠른 시일 내에 그들에게 전보를 보내겠다고 약속했다.

돕는 손이 많으니 모여드는 성도들과 그들이 새로 사귄 '친구들'에게 당장 절실히 필요했던 침구와 모기장, 고단백 음식, 약품을 내 도요타 픽업에서 운반하는 일은 그리 어려운 일이 아니었다.

모두의 동의하에 홈 목사가 이 물품들을 가장 급히 필요한 사람들에게 우선적으로 나누어 주는 일을 맡았다. 나는 '본국'에서 기도하며 난민을 위해서 기금을 보내준 후원자들이 이 장면을 보았으면 하고 바랐다. 그 날 오후 이들의 얼굴은 행복과 감사로 가득했다. 그런데 최고의 순간이 아직 남아 있었다.

모든 성도들이 가족과 친구들과 함께 커다란 대나무 곁에 앉았다. 그들은 검은 크메르 루즈의 옷을 벗어버리고, 훨씬 야위기는 했지만 이전과 같이 전형적인 캄보디아 시골 사람 모습을 되찾았다.

홈 목사는 그들을 바라보더니 뒤에 있던 상자에서 캄보디아 성경과 찬송가를 나누어 주었다. 이제 이 모든 축복에 대해 하나님께 감사하고 예배할 때였다. 책이 들었던 상자 위에 자신이 지니고 있던 낡은 성경책을 놓고 청중에게 이야기를 시작했다. 호기심으로 모여든 사람들에게 분명하고 단순하게 복음을 설명하였다. 찬송이 시작되었을 때 나는 트럭으로 가서 책을 더 가져왔다. 이러한 장소에서 한 목소리로 합창하는 소리를 들으니 아주 특별했다. 나는 멈춰 서서 지켜보았다.

저녁 무렵, 하늘이 황금빛으로 물들었고 수용소는 상대적으로 조용했다. 여기에서는 죽음에 대한 두려움없이 노래를 할 수 있었다. 점점 상황 파악이 되면서 그들의 목소리에는 더욱 힘과 열정이 가미되었다. 얼마 지나지 않아 이 놀라운 장면을 바라보기 위해 모여든 군중들 때문에 나는 성도들을 볼 수가 없었다. 군중 속에서 들려오는 그들의 찬송소리를 들으며 나는 그들이 이전과 달리 이제 환희와 확신 속에서 부르고 있는 그 찬송의 가사를 집중해서 생각했다. 영어를 번역한 찬송이었는데 사람들이 좋아서 자주 부르던 것이었다. 내가 마지막으로 그 찬송을 들은 것은 1975년 프놈펜이 포위되었을 때 부두에 있던 노아 교회에서였다. 그리고 이제 이 수용소에서 다시 듣는 것이었다.

얼마나 부요하고 순수한지,
하나님의 사랑은.
잴 수 없고 셀 수 없네.
성도들 노래할 것이네,
영원히, 영원히
천사와 함께.

주님은 그때 나에게 속삭여 주셨다. '저들은 풀무에서 나왔는데도 탄 냄새가 없구나.' 신랄함, 분노, '왜 이래, 왜 저래?' 같은 기미가 전혀 없었다. 그저 그곳에, 먼지 속에 누더기를 입고 배고픈 채로 무릎 꿇고 있었다. 가정마다 적어도 한 명 이상은 크메르 루즈에게 죽은 사람이 있는데도 하나님의 사랑을 찬송하고 있었다. 그들은 그분을 아는 지식의 향기로 충만했다. 틀림없이 그 향기는 불꽃을 지나오면서 하나님의 아들과 가까이 동행하여 얻어진 것이었다. 그들은 무덤에서도, 같은 고통을 되풀이하여도 하나님의 지극한 사랑을 찬양할 것이었다. '그가 나를 죽이신다고 해도 나는 그 안에서 소망을 찾을 것이다.'는 믿음이었다. 그날 구경하러 왔던 사람들은 불가항력적으로 그들에게 끌렸을 것이다. 그들이 끌렸던 것은 종교도 아니고 도전적인 생존자 무리도 아니고, 전쟁으로 얼룩진 국경 근처 대나무 그늘에 앉은 소박한 질그릇에서 자연스럽게 풍겨나는 그리스도의 향기였을 것이다.

홈 목사가 그날 이곳에 온 것은 이 장소가 우물 파기에 적당하다는 이야기를 들었기 때문이었다. 그런데 바로 그들 안에 수용소의 사람들이 찾고 있는 목마르지 않는 물을 내는 순수한 샘물이 있었다. 그 향기가 이 성도들 안에서 솟아나와 후에 12만 명이 살던 카오 제1 당 수용소의 깊은 샘물이 되었다. 그곳에서 크고 무성한 나무를 자라나게 하였다. 옛 그루터기에서 새로 자라 나온 나무 가지는 온 세계에 뻗어갈 것이었다.

또 이르시되 우리가 하나님의 나라를 어떻게 비교하며 또 무슨 비유로 나타낼까.

겨자씨 한 알과 같으니 땅에 심길 때에는 땅 위의 모든 씨보다 작은 것이로되 심긴 후에는 자라서 모든 풀보다 커지며 큰 가지를 내나니 공중의 새들이 그 그늘에 깃들일 만큼 되느니라. (마가복음 4:30-32)

04
결실하는 씨앗

순수한 아름다움과 단순한 믿음을 가졌던 첸은 시급한 영적인 필요를 보고 자기가 그것을 이루기 위해 부르심을 받은 자라는 지각이 있었으며 머뭇거리지 않고 즉시로 행동했다. 나는 아직 첸이 링거 줄로 꼬아 만들어준 작은 십자가를 가지고 있다. 첸은 고통스러운 것에서 무언가 아름다운 것을 만들어 내는 방법을 알고 있었다.

이 보잘 것 없어 보이는 작은 씨앗은 땅에 떨어져 죽었다. 그리하여 캄보디아의 밭에 많은 열매를 맺어 또 다른 씨앗을 생산해 냈다.

04 결실하는 씨앗

'더러는 좋은 땅에 떨어지매 자라 무성하여 결실하였으니
삼십 배나 육십 배나 백 배가 되었느니라'

– 마가복음 4:8

    1975년 4월 17일 프놈펜이 마지막으로 무너질 무렵, 수천 명의 캄보디아인들은 론놀 크메르 공화국에 찬성하는 글들이 벽에 붙은 것을 보고 서쪽 태국 국경을 향해 가족과 짐들을 이동시켰다. 그들은 대부분 태국 남동부의 찬타부리성 반대편에 있는 빠일린으로 몰려들었다. 그곳은 악명 높은 국경 마을로 그곳에 보석 광산이 있었다. 또한 평판이 좋지 않은 먼지투성이의 작은 마을 뽀이펫으로도 몰려 갔는데 그곳은 태국의 시장 도시 아란야쁘라테트가 마주 보이는 곳이었다. 여기에서는 굽이쳐 흐르는 좁은 끌롱루악 강이 분명한 국경이 되어 주었고 그 주변의 가파른 둑에는 채소가 빽빽이 심겨 있었다. 그 위로 철교와 다리가 있어서 두 나라 상인들이 대부분 그곳을 지나다니며 거래를 하였다.

    다른 장소는 국경이 그리 분명하지 않았다. 오솔길 양 옆에 작은

오두막들이 숲의 북쪽에서 남쪽까지 거의 전체적으로 퍼져 있었기 때문이었다. 태국과 인접한 캄보디아의 북쪽 국경에는 당그렉 산맥으로 알려진 바위투성이 무인 정글 고원지대가 이어져 있었다. 가파르고 숲이 울창한 까르다몸 산맥이 자연스럽게 남쪽 국경선이 되었지만 그 경계는 그리 분명하지 않았다. 이 지역에는 주로 숯 굽는 사람들, 사냥꾼, 티크 목재 밀수꾼, 탈주자, 호구지책으로 사는 농부와 채소 파는 사람들이 살고 있었다. 빠일린은 말라리아 예방약도 듣지 않는 위험한 지역이어서 강인한 자들만이 생명을 걸고 불구가 되는 위험을 무릅쓰고 사파이어와 루비를 채취하러 오는 것이었다. 450마일의 국경은 대부분 황무지이며 인적이 드물었다. 물론 병원도 없었다. 야생 멧돼지, 겁쟁이 사슴, 들개, 원숭이, 독사, 그리고 가끔씩 호랑이가 출몰하기도 하는 지역이었다.

그런데 그 소란스럽던 1975년부터 1980년 사이 5년 간 아무도 간섭하지 않던 주인 없는 이 잊힌 땅이 세계의 주목을 끄는 중심지가 되었다. 캄보디아 피난민이 셀 수 없이 몰려들어 생사의 투쟁을 하는 장소가 되었던 것이다. 크메르 루즈의 승리로 원시림에 죽음의 도구들이 장착되었다. 지뢰밭, 부비 트랩(위장된 구멍에 날카로운 대못을 아래에 놓아 피난민을 꿰찌르도록 한 것), 고강도 전선에 연결된 수류탄, 치명적인 화살, 아니면 희생자를 깔아뭉개도록 고안된 무거운 통나무, 이 모든 것들이 원래의 자연을 훼손하고 있었다.

소란하고 자유롭게 굴러가던 국경 마을 뽀이펫과 빠일린은 전쟁은 없었지만 약탈과 붕괴를 방치하여 함께 황폐한 곳이 되었다. 사람들은 전부 내륙의 노동 수용소로 끌려가고 검은 옷의 크메르 루즈 군인들만이 그곳에 살았다. 이 일당들은 국경 전체를 순회하며 태국으로 향하는 자는 누구나 잡아서 위협하고 죽였다. 푸른 숲 사이의 공터는 묘지가 되었고 시체 썩는 냄새로 지독했으며 나뭇잎이 쌓인 오솔길에는 절망적으로 피해 나가려했지만 나갈 수가 없었던 수천 명의 뼈가 어지러이 흩어져 있었다.

태국 쪽의 마을 사람들은 대낮에 일을 하러 나가다가 지뢰가 터져 죽었다. 밤에 크메르 루즈 강도들은 마을을 급습하여 소를 훔쳐가고 유괴하며 불 지르고 언제나 가능한 한 가장 섬뜩한 방법으로 살인을 하였다. 그래서 국경 수비와 태국 군대 초소도 더 강화하였다. 피난민 수용소가 몇 군데 세워져 UNHCR이 재정을 지원하고 태국 내무부가 다스렸다. 1975년과 1978년 말 사이에 많은 캄보디아인이 간신히 탈출에 성공하여 그곳에서 살 수 있었다. 그때는 크메르 루즈들도 여기로 피해오기 시작하였다.

그런데 그 국경이 실제로 살아나게 된 것은 1979년에서 1980년 사이에 크메르 루즈의 지배하에 있던 피난민 수십 만 명이 거의 초죽음 상태가 되어 이 지역으로 쏟아져 들어오면서 부터였다. 국제 구호 기관에서 기근에 시달리는 캄보디아를 돕기 위해 만든 '육교'를 통해 소 수레와 자전거 수 백 대가 줄을 지어 식량을 수송하였다. 태국이 지원하는 반 베트남 게릴라 부대나 악명 높은 크메르 루즈의 소소한 싸움 때문에 수많은 방어 진지가 구축되었다. 쌀이 캄보디아로 전달되면서 전쟁도 그곳으로 되돌아갔다. 그때까지 태국은 군대와 장비를 이 동부 국경에 많이 배치하였다. 구호 기관들도 온 세계에서 쏟아지는 기금과 함께 그곳에 몰려왔다. 이 모든 것들 때문에 잠자던 아란야쁘라테트가 하룻밤 사이에 서부 황금을 찾아 몰려들던 거친 마을처럼 변하여 온갖 종류의 상품과 사람들로 북적거렸다. 공격적이고 혈색 좋은 외국인, 최근 국경의 멋이 된 도박, '횡재'에 대한 탐욕, 벼락부자들의 암시장, 태국 군인, 창녀 그리고 온갖 기식자들, 기자들 그리고 각종 전문가와 감시인들이 있었다.

지주는 대부분 중국인들이었는데 임대료가 치솟아 떼돈을 벌었다. 구제 기관조차 더 나은 자산을 차지하려고 서로 경쟁을 하였다. 비좁아 갑갑했던 우리 가게는 방이 둘이었는데 한 달에 15불이었던 임대료가 밤사이에 150불로 올랐다. 그래서 그곳에 몇 년이나 살고 있던 다른 외국인과 같이 곧 거리로 나오게 되었다.

다음에 구한 집은 한쪽에는 창녀, 다른 쪽에는 밀수업자들이 살고 있었다. 위 층 창문에서 보아 반대편에 살고 있는 태국 남자는 다음 날을 위해 권총을 닦고 있었다. 밤도둑이 흔했다. 그들은 창가에 무장을 하고 나타났다가 밤을 타서 지붕 위로 달아났다. 조심스럽게 현지 관료들, 시장 사람들과 이웃들과 사귀어도 금방 아주 힘든 사이가 되어 버렸다. 마을 사람들은 백인이 좀 쉬운 상대이고 돈이 있어 '좋은 일'을 하는 사람이라고 생각했기 때문이었다. 그저 소매치기 하기 좋은 상대라고 보는 것이었다. 정직을 유지하려는 태국 기독교인의 도움과 동료 기독교 사역자들 간의 상호 지지가 없었다면 어지러울 정도로 현란한 새 아란야쁘라테트에서 살아내기가 아주 어려웠을 것이다.

조용한 국경 거리는 물소 떼가 느긋하게 걸으며, 닭들이 땅을 헤집어 파고 있었고 마을 사람들이 자전거를 타고 가고 있었다. 고속도로라는 개념이 필요가 없어서 이제 무모한 경주로가 되었다. 오토바이, 군대 차량, 질주하는 픽업, 사람이 너무 많이 타서 부서질 것 같은 버스, 붉은 색의 커다란 물차, 그리고 쌀을 가득 실은 수송차들이 경적 소리를 울려대며 오가고 있었다. 그저 자기들이 지닌 불교의 안전 부적을 믿고 겁없이 질주하였다. 밤에는 노상강도들이 경솔히 배회하는 사람을 기다리고 있었다. 차들이 연쇄 충돌하여 끔찍한 사고도 있었고 많이 죽기도 했다. 절 바로 곁에 있는 밭에서 정기적으로 화장을 하는 것이 사람 눈을 끌었다.

운명의 1975년 4월 17일 바로 전 주에, 이미 국경을 넘어가려고 준비했던 수많은 캄보디아인들이 수비대에 걸렸다. 태국은 그저 그들을 돌려보냈다. 그러나 4월 17일 아침 8시 캄보디아 북서부에 있던 사람들은 라디오를 통해 프놈펜이 항복했다는 소식을 듣고 대량으로 태국에 밀려 들어왔다. 유복한 사업가, 군대나 정부의 관리들은 몇 달 전부터 이러한 일을 계획했고 숲속의 길을 잘 아는 마을 사람들도 국경을 넘어 왔다. 바탐방에 있던 론놀 군대가 항복하고 크메르 루즈가 빠일린을 접수하자 군대 수송 차량과 개인 차들이 길게 줄을 지어 태국으로 넘어 왔다.

이때 첫 번째로 피난 왔던 사람 중에 콩 목사가 있었는데 빠일린에 교회를 개척하고 있었다. 20명의 성도가 그와 함께 있었다. 이 사람들은 곧 찬타부리 피난민 수용소에서 복음을 전하기 시작했다. 얼마 되지 않아 많은 사람들이 세례를 받았고 수용소 내에서 사역이 확장되어 저녁마다 집회를 하였다. 태국 남동부에서 교회를 개척하던 남침례교 사람들이 아주 열심히 도와주어 기쁨이 되었다. 바탐방 중국

교회를 맡았던 목 목사도 그 무렵 태국으로 피난왔다.

　이틀 전 프놈펜에서처럼 1975년 4월 19일 뽀이펫 주민은 크메르 루즈를 대대적으로 환영했다. '캄보디아가 다시 평화롭게 되었다'고 시민들을 소리치며 기뻐했다. 론놀의 군인들은 무기를 내주었다. 새 크메르 루즈 당국이 시장에서 식품 값을 깎아내리자 모든 사람들은 정말로 행복했다. 최근에 태국으로 피난 왔던 사람 중에 두려워할 필요가 없다고 다시 돌아간 사람도 있었다. 도둑이 즉석에서 처형되고 아주 부유한 사업가 한두 명의 재산을 나누어 주면서도 그 집단은 버릇없이 굴지 않았다. 그러나 기만과 연극에 능한 크메르 루즈는 일단 마을 주민의 신뢰를 얻고 나자 잠재적인 반대 세력을 무장 해제시키고 국경을 확보하였다. 그리고 나서 크메르 루즈는 일주일 정도 지속된 밀월 기간을 갑자기 끝냈다. 그들은 캄보디아 전래 동화에 얼핀 시골 농부를 속이는 교활한 토끼 뚜완세이를 연상하게 하였다.

　옹까는 전체 기본 계획을 세워 전국적으로 실시하면서 이제 총을 백성들에게 겨누었다. 뽀이펫과 모든 국경 마을의 백성들을 강제로 내륙에 있는 새로운 노동 수용소로 쫓아 보냈다. 그곳은 육체를 혹사하는 도살장과 같은 곳이었다. 국경 마을은 섬뜩하게 고요했다. 거리는 잡동사니로 어지럽고 사나운 개가 이를 갈며 게걸스럽게 인육을 먹고 있었다. 흔들거리는 다리를 건너 뽀이펫으로 바삐 다니던 모습은 더 이상 보이지 않고 기괴한 침묵만이 흐르고 있었다. 정체를 알 수 없는 크메르 루즈 몇 명 외에는 더 이상 아무도 그곳에 살지 않았다. 그들은 총을 가지고 있었다. 뽀이펫은 쥐 죽은 듯이 조용한 유령 마을이었다. 개 짓는 소리나 닭 우는 소리도 없이 괴기한 정적뿐이었다. 그러나 마음의 눈으로 보았을 때, 저 텅 빈 마을 너머 타들어가는 밭에서 잔인하게 야만적인 대우를 받는 남은 백성을 상상할 수 있었다.

바로 이 다리에서 나는 처음으로 크메르 루즈를 보았다. 1975년 4월 19일 토요일, 뽀이펫 주민이 처음으로 그들을 만났던 날, 나는 끌롱 루악 다리를 가로질러 감겨 있는 녹슨 가시 철망의 태국 편에 서 있었고, 철조망의 반대편에는 크메르 루즈가 AK 47 소총, 수류탄 발사기, 권총, 로켓포를 잔뜩 지니고 우리와 '솔직한 의견 교환'을 한다고 여러 명이 나와 있었다. 크메르 루즈 뒤에는 뽀이펫 주민들이 이상하게 동경어린 눈으로 우리를 바라다보고 있었다. 나는 그 표정을 잊을 수도 없고 제대로 묘사할 수도 없다. 그들이 앞에 있을 비참한 고통의 무게를 아직 알지 못한 것은 축복이었다. 그러나 그들에게도 건너편에서 마지막으로 자유를 보고 있다는 느낌이 있었던 것 같았다.

사람들은 캄보디아의 첫 번째 피난민을 수 백 명씩 강이나 연못 가까운 숲에서 발견하곤 했다. 그들은 나뭇잎을 덮고 있거나 자기들이 가져온 담요를 덮고 있었다. 아직 우기철에 들어서지 않은 것이 다행이었다. 결국 태국 군인들이 그들을 모아서 작은 수용소를 만들어 주거나 외딴 절 주변에서 살게 하였다.

처음부터 기독교 선교사들은 선두에 서서 음식과 옷과 보금자리를 제공하였다. 우리에게는 또 그 이상으로 그들에게 줄 수 있는 것이 있었다. 우리는 캄보디아 말과 태국 말을 다 할 수 있었기 때문에 우정, 위로, 상담, 그리고 영적인 도움을 제공할 수 있었다. 프놈펜에서 피해 나올 때 서둘러 한 부씩 가지고 왔던 신앙 서적과 전도지를 가지고 방콕에서 많이 인쇄를 하여 나누어 주었다. 태국에는 캄보디아어로 된 기드온 신약 성경 재고가 많이 있었다. 기드온 단체는 친절하게도 우리가 그것을 사용하도록 허락해 주었다.

그 첫 피난민 중에서 군대나 정부 고관과 같이 더 지위가 있는 사람들은 그 가족과 함께 곧 미국의 임시 처소로 재정착하기 위하여 떠나갔다. 구암섬, 캘리포니아의 펜들레톤 부대 같은 곳이 유명했는데 이전의 OMF 캄보디아 선교사 로즈-엘렌 챈시가 그곳에서 아무 것도 모르고 살 길을 찾아야 하는 망명객들을 위하여 아주 다방면으로 열매 있는 사역을 하였다. 로즈는 그 중 많은 사람들을 좋은 미국 가정과 교회에 연결시켜 주어 보살핌을 받게 하였다.

1976년까지 UNHCR은 태국에 있는 캄보디아 난민 수용소에 재정을 대고 있었다. 수용소가 5군데 있었는데 북으로는 수린, 남쪽으로는 뜨랏 사이에 있는 국경 주변에 흩어져 있었다. 그곳을 지키던 태국인들은 대체적으로 아주 관대했고 도움이 되었다. 이들 수용소 생활은 그들이 이전에 있던 곳과 비교하면 좋았다. UNHCR과 태국 적십자사가 기본적으로 필요한 것들을 대주었다. 그들 외에도 현지 및 외국 사역자들이 삶의 질을 개선하도록 도와주었는데 특히 어린이를 위한 일들을 하였다. 1978년 후반까지 몰려오던 피난민들은 태국의 안전에 위협이 되지도 않았고, 자원은 충분하지 못했어도 인내하며 관리할 수 있었다. 이렇게 꾸준히 들어오는 캄보디아 피난민들은 1975년 중엽에 있었던 첫 난민을 제외하고 아주 무서운 일들을 당하여 할 이야기가 많았다.

이 시련을 피하여 탈출하려던 사람들이 많았지만 살아서 태국으로 온 사람은 소수뿐이었다. 국경 파출소를 정기적으로 다니다 보면 거의 실신 상태의 더러운 옷을 입은 사람들이 겁에 질린 모습으로 구석에 뒤죽박죽 모여 웅크리고 있었다. 그들은 대부분 산산히 흩어진 주민들로 자유를 찾아 태국으로 온 캄보디아 젊은이들이었다. 시골 사람들은 자기들에게 닥친 어려움과 위험을 알고 있었다. 그들은 차라리 달아나다가 죽을지언정 개목걸이에 매달려 숲으로 끌려 다니다가 10대의 크메르 루즈 살인자들에게 목 잘리기를 원하지 않았다. 도시민, 학생, 전문인들은 오라고 손짓하고 있는 조용하고 푸르른 서쪽의 숲이 죽창과 지뢰로 가득 찬 곳인 줄을 알지 못한 채, 늘 경계하고 있는 크메르 루즈 순찰의 총 앞에 뛰어들거나 쉽게 부비트랩에 걸려 넘어지는 것이었다. 많은 사람들은 그저 길도 없는 정글에서 길을 잃고, 갈증으로, 독사에 물려서, 또는 말라리아나 설사로 죽었다.

이렇게 도착한 사람들의 모습은 특히 물자 부족의 날들이 이어질수록 아주 흉측했다. 같은 인간이 다른 인간에 의해서, 그것도 자기 종족, 같은 종교를 가진 사람에 의해서 그 육체와 감정이 그렇게까지 비참하고 천박해질 수 있다는 것은 도저히 이해할 수 없는 일이었다. 이들의 계획적인 대량학살은 나치가 유대인에게 행했던 것보다 더욱 비난받아 마땅한 것이었다.

아주 심한 경우, 그들은 옹까의 시꺼먼 넝마를 말라빠진 몸에 느슨하게 걸친 채, 음울하고 무표정하게 앉아 있었다. 누런 얼굴에 눈은 퀭하게 들어가 있었다. 심리적으로 그들은 아직도 두려움으로 고통당하고 있었다. 크메르 루즈 정권의 악몽과 필사적인 탈출, 그리고 현재 있는 태국에서의 안전 등 모든 것이 불확실한 상태에서 두려워하고 있었다. 어떤 사람은 아내와 아이들을 버리고 와서 죄책감과 싸우고 있었다. "내가 죽었나 살아 있나?" 한 사람이 심한 말라리아 열에서 회복되면서 묻는 말이었다. 가끔씩 위쪽 팔에 탄 밧줄 흔적이 있었는데 죽음을 선고받고 필사적으로 피해 나오다 생긴 상처였다. 한두 명은 대량으로 처형당할 때 열렬한 혁명 당원에 의해 괭이로 뒤통수를 맞았으나 기절했다가 깨어난 사람이었다. 이들은 기절했다가 깨어났을 때 자기가 시체 더미 속에 있었고 주위에 파리가 윙윙거리고 있었다고 한다. 그는 날이 어두워지기를 기다려서 숲으로 몸을 숨겼다. 60명 중에 유일한 생존자가 있었다. 크메르 루즈가 녹슨 칼로 그의 목을 베었는데, 우리가 태국 쪽 숲으로 끌어당겨 치료를 하였다. 파상풍에서는 회복되었지만 너무 피를 많이 흘려 뇌가 심하게 손상되었다.

그들의 맨발은 먼지가 덕지덕지 묻은 채 굳은살이 박여 있었고, 대나무 가시에 찔린 상처가 있었다. 총상을 치료하고 상처는 봉합해야 했으며 가시를 빼고 이와 기생충도 처치를 해야 했다. 거의 모든 사람이 지금 캄보디아 전역에서 유행하는 말라리아에 몇 차례씩 걸려 덜덜 떨며 간헐적으로 땀을 흘렸다. 가끔씩 환자가 아닌 건강한 사람도 조금 벤 상처, 구내염, 또는 부러진 손발톱을 가지고 소란을 일으켰다. 나는 처음에는 이런 일에 당혹했는데 나중에 보니 이러한 작은 상처들을 치료하지 않은 채 있으면 심각하게 곪아서 후에 아주 치료하기 어렵게 되어버리는 것이었다.

캄보디아의 혁명에 대해서 옹까의 지도자들이 국제적인 포럼에서 정치적으로 고상하게 말하여 칭찬을 듣는 것과 여기 국경에서의 상황이 얼마나 크게 다른지 사람들은 몰랐다. 매일 프놈펜 라디오에서 끊임없이 쏟아져 나오는 말들은 '행복하게 웃으며 함께 농담하고 있는 백성들', '만연해 있는 축제 분위기', '모두에게 충분한 음식', '신속히 넓은 지역으로 확장되어 가는 건강과 위생에 대한 조처' 등이었다.

그러나 진정으로 그 정도를 헤아릴 수 없는 기쁨은 이 망명자들이 한 주 두 주, 한 달 두 달이 지나면서 생명을 회복해 가는 것을 지켜보는 일이었다. 옹까의 악취 나는 검은 상복은 모두 불에 태웠고 살 깊이 박힌 땅의 불결함도 문질러 씻었다. 그 대신으로 그들은 깨끗하고 밝은 새 옷으로 갈아입었다. 나는 아직도 책장 모서리가 접힌 노트를 가지고 있는데 아란야쁘라테트 감옥에 있을 때 가지고 다니던 것이다. 그 안에는 이름, 장소, 날짜 및 갖가지 필요한 것들과 기억해 둘 것의 목록 뿐 아니라, 새 바지를 받으려고 오랫동안 기다리고 있는 남자들의 허리와 다리 치수가 기록되어 있다. 그 음울하고 비좁은 방에서 옷이 맞나 입어보는 동안 갖게 되는 약간의 흥분과 놀림의 시간도 그들의 슬픔과 안으로만 파고드는 경향을 완화시켜주는데 도움이 되었다. 놀리고 낄낄 웃고 익살을 부리는 것들이 어두운 분위기를 밝게 해 주었다. 심지어 어떤 때는 태국 경비병까지 들어와 함께 재미있어 했다. 그들의 영혼을 제일 고양시켜 주었던 것은 뭐니 뭐니 해도 좋은 음식이었다. 아주 오랫동안 먹어보지 못하던 특별 음식이 나올 때가 제일 좋았다. 나무껍질과 풀뿌리로 연명하다가 계란, 과일, 빵, 연유, 설탕, 단 케이크를 보았을 때 그들이 얼마나 기뻤겠는가? 이전에 도시에 살던 사람에게 처음으로 마시는 시원한 펩시콜라는 말 그대로 천국의 기쁨이었다.

그러나 그곳에 진지한 순간과 눈물이 있는 때도 많았다. 그 애처로운 이야기를 밤이 늦도록 쏟아 놓을 때 사람들은 조용히 귀를 기울였다. 어떤 때는 너무 늦게까지 이야기가 계속되어 열쇠를 가진 밤 경비가 잠이 들어버리는 경우도 있었다. 그런 때는 나도 그곳에서 나가지 못했다. 비록 빗장 때문에 갇혀있었지만 아주 소중하고 기억에 남는 나날이었다. 캄보디아에서는 나왔지만 아직은 국경 너머 난민 수용소로 가지 못하고 있는 이곳에서 사람들은 정신을 집중했고 마음은 예민했으며 말에는 통찰력이 있었다. 그래서 우리들 사이는 깊은 유대감으로 엮이었다.

태국 경비들은 일단 친해지면 대부분 아주 관대하였다. 그렇게 비참하게 산산이 부서진 인간성 앞에 아낌없이 쏟아 부어 돌보는 것에 다소 어리둥절한 모양이었다. 내가 돈이나 여자 때문에 그런 일을 하는 것이 아님을 마침내 알게 된 불교 믿는 경찰은 '공덕을 그렇게 많이 쌓으시니 다음 세대에 최소한 왕자님은 되시겠어요.'라고 하였다. 그러나 슬프게도 1979년 이후 피난민이 수십 만 명이 밀려오고 저명한 외국인 전문가들이 수백 명씩 이곳에 들어오니 태국 관리들과 맺었던 이 우정들이 사라지고 대신에 탐욕과 분노의 늪에 빠지게 되었다. 태국 사람들은 확고한 불교도여서 모든 종류의 진실한 종교인을 존중하고 영적인 일을 배려해주었다. 이것은 많은 세속적인 서양인들이 선교사에 대해서 아주 경멸하는 태도를 보이는 것과 정반대였다. 피상적이고 어설프게 후원하면서 불성실하여 탈선적으로 사는 불교도도 아주 경멸의 대상이었다.

새로 온 피난민들이 난민 수용소에 가지 못하고 몇 달 간 감옥에

억류되어 있는 경우가 있었다. 병이나 상처가 심한 사람들도 오랜 기간 병원에 머물렀다. 이전 같으면 이곳의 관습대로 친구나 친척이 곁에서 돌봐 줄 텐데 아무도 없이 혼자 있는 그들을 찾아가서 치료하는 입장이 되니 아주 신속하게 강한 유대 관계가 형성되었다. 그들이 위태해지면 우리는 자주 그들과 함께 밤을 지새웠다.

선교사들은 수많은 사람들의 육체적 감정적 필요를 따라 도우면서 자연스럽게 창조주이시며 사랑하는 아버지이신 하나님에 대해서 그들의 언어로 말해 줄 수 있었다. 캄보디아 사람들은 감옥과 병원에 오래 있는 동안 성경 말씀을 접하며 생각할 기회가 많았다. 특히 교육을 받은 사람들이 그러했는데 지식인으로서 한참 동안이나 읽을거리에 굶주려 있었기 때문이었다. (대부분의 캄보디아 노인들은 시하누크 시대에 연장 교육 프로그램이 있어서 글을 알고 있었다. 그러나 20여 년간의 전쟁과 혼란으로 그 후로는 중단되었다.)

캄보디아에 있을 때 기독교인을 보았거나 그들과 이야기해 본 사람들이 많이 있었다. 복음에 대해서 전혀 무지한 사람들은 거의 없었다. 그것을 보면 특히 1970년~1975년에 캄보디아 교회가 얼마나 열심히 충성스럽게 그리스도를 알렸는지를 알 수 있었다. 그 중에는 오랜 방황을 끝내고 돌아온 사람들이 몇 명 있었는데 그들은 열심을 내어 자신의 삶을 예수 그리스도께 드리려고 하였다.

소만('읽으세요'라는 의미)은 아란야쁘라테트 경찰서의 철창에 갇혀 있었다. 거친 콘크리트 바닥에 젊은이들이 23명 갇혀 있었다. 원래는 60명이 울창한 삼림을 지나 태국으로 피난 오는데 끝없는 긴 여정에 지치고 먹을 것이 없어서 나뭇잎을 먹었다. 심지어 서로의 소변을 받아먹기까지 했다. 모든 희망이 사라진 것 같았을 때 소만은 살아계신 하나님께 음식과 물을 달라고 부르짖었다. 그 후 얼마 안 되어 아름다운 과일이 맺혀 있는 과수원을 지나가게 되었다. 그는 동료들과 맛있는 과일을 배불리 먹고 쉬었다. 그렇게 힘을 얻어서 태국까지 안전하게 올 수 있었다.

언젠가는 밤중에 다른 사람들은 모두 통조림 속의 생선처럼 끼어서 누워 있었고 경비는 깊은 잠에 빠져 있었다. 나는 소만과 좁은 구석에 쪼그리고 앉아 희미한 불빛 아래서 작은 목소리로 요한복음을 읽었다. 갑자기 말씀이 그의 마음속에 꿰뚫고 들어갔는지 소만은 외쳤다. "이것이 진리예요. 놀라운 진리예요." 그는 무릎을 꿇고 팔꿈치에 기대어 머리를 두 손으로 감싸더니 자기 앞에 펼쳐 있는 성경 말씀을 주의 깊게 생각하기 시작했다. 그는 조금 후 내가 살짝 그곳을 빠져나갈 때까지 그런 자세를 하고 있었다. 그는 감옥에 갇혀 있던 3달 동안 요한복음을 여러 번 공부하였고 '천로역정(Pilgrim's Progress)'도 읽었다. 나를 만나기만 하면 인사하기가 무섭게 손때 묻은 책을 가지고 많은 질문을 하는 것이었다. 열악한 감옥에서 몸에는 옴이 옮아 있었지만 그는 끊임없이 하나님의 말씀을 묵상하고 있었다.

그런데 이전에 같이 있던 마을에서 새로 피난민이 왔는데 무서운 소식을 전했다. 이전에 달아났던 사람들의 부인과 아이들이 끌려가서 곤봉에 맞아 죽었다는 것이었다. 소만의 가족도 그렇게 되었는지는 그들도 알지 못하여 소만은 괴로웠다. 그러나 그리스도 안에서 새롭게 찾은 보금자리를 떠나지 않았고 또 하나님께 대한 믿음도 흔들리지 않았다. 그러면서도 오랫동안 울며 기도했다. 그런데 그곳에 함께 있던 사람들은 보고 들은 것도 있고 소만도 애를 썼음에도 불구하고 소만처럼 믿지는 않았다. 하나님께로 돌아와 자기의 구주로 믿은 사람은 소만뿐이었다.

소만의 가슴에 현재 열매 맺힌 믿음의 씨앗은 수 년 전 학생 때에 심긴 것이었다. 어느 날 오후 집으로 가는 길에 누가 교문에서 마태복음을 주었다. 소만은 그것을 읽고 소중하게 생각되어 존경의 표시로 높은 선반에 올려놓았다. 그가 살던 끄라쩨 성의 마을에서 기독교인을 다시 만난 적은 없었지만 그는 나사렛 예수에 대해서 더 알고 싶다는 소원을 간직하고 있었다. 그러다가 아란야쁘라테트에서 우리를 만난 것이었다. 자기가 갖고 있던 복음서는 크메르 루즈가 자기 집을 태울 때 함께 탔지만 작은 믿음의 씨앗은 표면 아래에서 조용히 자라고 있었다. 아버지도 그 책을 선반에서 내려서 정기적으로 묵상하며 읽었다. 그리고 마지막에 '마태복음의 하나님'이라고 부르면서 돌아가셨다.

소만은 후에 난민 수용소로 이송되었을 때 성경 공부 셀 그룹을 여러 개 조직했다. 그는 또 피난민으로 북적거리는 집의 지붕에 대나무로 작은 다락을 만들어 자기 공부방으로 삼았다. 자기 혼자 생각하고 기도할 일이 있을 때, 고난 중에 있는 조국과 아내, 두 아들 때문에 몹시 마음이 슬플 때, 나무 사다리를 타고 그곳에 올라가 사다리를 위로 끌어당겼다. 예배드릴 때 소만은 2줄짜리 캄보디아 바이올린을 밝게 연주하였다. 함께 피난 온 쌀리엥과 아주 친했는데 그의 도움을 받아 소만은 간판을 아름답게 색칠하여 기독교인들이 교회로 사용하는 건물 앞에 높이 걸어 놓았다. 수용소 사람들이 모두 볼 수 있도록 간판에는 이러한 성경 말씀이 쓰여 있었다.

> 내 이름으로 일컫는 내 백성이 그들의 악한 길에서 떠나 스스로 낮추고 기도하여 내 얼굴을 찾으면 내가 하늘에서 듣고 그들의 죄를 사하고 그들의 땅을 고칠지라. (역대하 7:14)

이전에 뿌린 다른 믿음의 씨앗들도 그 열매를 거두고 있었다. 10대인 비쳇은 프놈펜 시장에서 전도지를 받고 대가족 중에서 혼자 믿음을 갖게 되었다. 어린 소녀 소말리는 바탐방에서 온 전도자의 단호하면서도 온유한 모습을 볼 때마다 존경하는 마음을 금할 수 없었다. 그는 정기적으로 외곽 마을을 방문하고 있었다. 한번은 내가 갇힌 사람들에게 요한복음을 크게 읽어주고 있는데 한 젊은이가 라디오에서 같은 말을 들은 적이 있다고 했다. 그는 크메르 루즈에게 발각되면 생명이 위험한데도 계속 몰래 라디오를 들었다고 했다. 피난민 중에는 크메르 루즈가 다스릴 때 비밀리에 예배를 드리는 사람들을 본 적도 있었다. 품꼬르에서 송 아주머니와 사룬이 모임을 인도하였는데 자기들은 무서워서 함께 하지 못했다. 그 사람들은 절이나 우상, 사제가 없는데도 하나님을 섬기고 예배하였고 특히 언제 어디서나 하나님과 이야기하였다. 마을 사람들을 괴롭히는 악령을 쫓아내던 예수 이름의 능력을 알고 있는 사람들도 적지 않게 있었다.

자주 조롱과 멸시를 당하기는 했어도, 기독교인들은 일반적으로 더 정직하고 양심적이며 성실하다는 평판을 듣고 있었다. 그리고 사람을 도와야할 필요가 있는 곳에는 언제나 기독교인이 있었다. 캄보디아인 외국인 할 것 없이 의약품과 식품을 가지고 도와주러 오는 사람은 기독교인이었다. 또한 주변에서 보이는 부패와 착취가 자신이 불교도라고 주장하는 사람들 때문인 것을 보게 되었다. 그래서 의식 있는 피난민들은 이러한 것에 대해 많은 생각을 하는 것이었다.

무엇보다도 흥분되었던 일은 자유를 찾아서 도망할 때 위험 중에 하나님께 부르짖어 그분의 도우심을 경험했던 일이었다. 한 가족이 숲에서 길을 잃고 헤매고 있는데 앞에 불빛이 나타나 태국 국경까지 안전하게 인도해 주었다. 또 다른 가족은 배가 너무 고프지만 혹시 독이 있을지 몰라 앞에 있는 나무 열매를 먹을 수가 없었다. 그런데 한 원숭이가 가지에서 그 열매를 떨어뜨리더니 맛있게 먹기 시작하는 것이었다. 그래서 안전한 줄 알고 자기들도 먹을 수 있었다. 또 다른 경우는 숲의 한가운데를 지나가는데 실제로 음식과 물이 그 앞에 있는 것이었다. 병의 치유도 있었고, 새로운 힘이 생겼던 경우도 있었으며, 꿈과 비전으로 도움을 받기도 했다. 그들을 공격했던 크메르 루즈가 몰래 자기들을 안전하도록 도와 준 경우도 있었다. 누구에게 기도했느냐고 묻자 대답하지 못했다. 부처님은 아니었다. 그는 현명한 스승이었지만 2,500년 전에 죽은 사람이었다. 더구나 그는 자기가 하나님이라고 하지도 않았고 구원자라고 하지도 않았다. 그들이 기도드렸던 대상은 인격적이고 살아 있는 존재로 모든 피조 세계를 초월한 분이었다. 그러면서도 그들과 바로 그 숲 속에 함께 있었다. 그들을 보고 있고 그들의 말을 들었다. 그러한 일을 경험했던 사람들에게 성경의 이야기는 확신을 주었고, 보이지 않는 진리를 조명해 주었으며, 하나님의 신비를 받아들이게 하였다. 더 나아가 무조건적인 죄의 용서, 하나님과의 평화, 그리고 죽음 대신 생명을 갖는다는 진리는 그들에게 아주 위로가 되었다. 그래서 집 없는 피난민 중 상당수가 하늘에 계신 아버지와 화해하였다.

다라와 리안은 1977년 캄보디아의 지하 교회 이야기를 듣고 피난 왔다. 다라는 품꼬르의 송 아주머니 교회 사람들과 교제가 있었고 리안은 홈 목사와 안면이 있는 사이였다. 그리고 사무엘이나 츠촌 같은 청년들에게도 아란야쁘라테트 수용소로 피난 올 때 하나님의 보호해 주신 감동적인 이야기들이 있었다.

북쪽 국경에 있는 수린 수용소에는 존 엘리슨(데이빗 엘리슨의 아들, 초기 캄보디아 선교사)과 그의 아내가 기독교 선교사 연맹과 함께 일하고 있었는데 그들은 기독교인들이 기적적으로 죽음에서 구원받은 놀라운 소식을 더 많이 전해 주었다. 그곳에는 복음을 듣고 주 하나님이 자기들의 부르짖음을 듣고 구원해 주셨다고 깨닫는 사람들이 있다고 했다. 여기 한 예를 소개한다.

장벙은 4년 동안 캄보디아 군인이었다. 프놈펜이 넘어갔을 때 그는 가족과 태국에서 80km 떨어진 삼롱에 살고 있었다. 그는 자기가 높은 지위에 있는 사람도 아니었기 때문에 위험하지 않다고 생각했다. 그때 소 먹이는 사람이 군인들이 속아서 잔인하게 죽었던 이야기를 해주었다. 크메르 루즈는 특별한 공적을 쌓는다고 속여 그들을 앙코르왓의 폐허로 끌고 갔다. 시골에서 얼마 떨어지지 않은 곳으로 가더니 땅을 파라고 명령했다. 그리고 뒤에서 괭이로 그들을 찍어 죽여 그들이 판 구덩이에 파묻었다. 그것을 직접 봤다는 것이었다.

그 이야기를 들은 장벙을 비롯한 다른 사람들은 즉시로 달아날 준비를 했다. 그날 밤 50명 이상이 함께 떠났다. 숲으로 하루를 걸어갔는데 갑자기 크메르 루즈 군인이 공격했다. 그때 한 아기가 넘어져 그루터기에 머리를 찧었다. 유일하게 그 아기만 죽었는데 다른 사람들은 혼란스럽던 와중에 모두 흩어졌다. 장벙의 아내와 작은 아이들은 있는데 큰아들이 보이지 않았다. 음식도 없어졌다. 그래도 또 하룻길을 계속 걸어갔다.

밤이 되었는데 아내 천뗑이 심하게 열이 나고 어지러워서 더 걸을 수가 없었다. 태국까지 얼마 남지 않은 것을 알고 있었다. 그래서 아버지는 두 아이만 데리고 안전하고 먹을 것이 있는 곳으로 갔다가 아내를 데리러 오기로 했다. 그는 그물 침대와 옷가지 몇을 아내를 위해서 남겨놓았다. 천뗑은 숲에서 첫날 밤 혼자 선잠을 자다가 일어나 보니 아주 목이 말랐다. 그래서 가까운 곳에 물을 찾아 나섰다. 물은 마셨는데 돌아가는 길을 잊어 버렸다. 그 후 8일 동안 땅바닥에서 자고 먹을 것도 없었지만 어쨌든 매일 조금씩이라도 걸어갔다. 우리에게 이렇게 말하는 것이었다. "무섭지 않았어요. 몇 명이 내 앞에 걸어가면서 길을 인도해 주는 것 같았어요."

4일을 걷고 나니 발이 부어서 걷기가 힘들었다. 하루는 아주 지쳐서 잠이 들었는데 누군가 자기에게 레몬주스를 마시게 하는 꿈을 꾸었다. 일어나보니 또 계속 걸을 수 있었다. 이렇게 8일을 고통스럽게 가는데 감자 밭이 있는 작은 오두막을 만났다. 천뗑은 너무 굶주려서 아주 쇠약한 상태였기 때문에 그곳에서 멈추어 쉬었다. 발도 너무 붓고 가시에 찔려서 도저히 더 이상 걸을 수도 없었다. 4일 후 그 오두막의 주인 부부가 밭을 돌보러 왔다가 산송장처럼 누워 있는 그녀를 발견했다. 그들은 천뗑을 자기 집으로 데려다가 돌보아 주었다. 천뗑은 이곳이 태국이며 자기 남편과 아이들이 있는 수용소에서 그리 멀지 않은 것을 알고는 안심했다.

일주일 후 이제 다시 여행을 계속할 수 있게 되었는데 이번에는 사치스럽게도 소 수레를 타고 갔다. 중간 지점에서 남편과 눈물의 재회를 했다. 그 마을 촌장이 아내가 무사하며 그날 온다고 말해 주었던 것이다. 남편은 아내를 찾으러 다시 캄보디아로 갔는데 물건만 몇 개 있고 사람이 없어서 크메르 루즈에게 끌려간 줄 알고 모든 희망을 버렸다고 했다.

천뗑의 이야기에 그날 모두 놀라며 기뻐했다. 그렇게 약하고 굶주린 상태에서 안내인도 없이 그곳까지 왔다는 것은 인간적으로 볼 때 불가능한 일이었다고 모두가 동의했다. 그들은 오직 주님과 그가 보내신 천사만이 그녀를 안전하게 데려올 수 있었다고 인정했다. 아이 셋과 모두 함께 있게 되어 얼마나 좋았는지! 큰 아들은 다른 사람들 틈에 섞여 먼저 와 있었다.

열흘 후 장병과 천뗑은 주님을 마음에 영접했다. 그들은 기적적으로 구원받은 것 뿐 아니라 새로 발견한 믿음 때문에 기뻐했다.

| 진과 존 엘리슨 (잡지-Alliance Witness에 기고한 글)

1977년 공포의 2년째 되던 해, 캄보디아 난민을 위한 수용소가 태국 캄보디아 국경 마을 주변에 세워졌다. 수린 성에 있는 쁘라섯 수용소는 물결 모양의 긴 집들이 큰 대자로 뻗어 있었고 산뜻한 초가지붕의 오두막들도 단지 안에 모여 있었다. 그 안에 피난민이 5,000여

명 수용되어 있었다. 방콕에서 동쪽으로 300km 떨어진 곳에 아란야 쁘라테트가 있었다. 그 수용소에는 나무로 지은 건물이 20동 있었는데 한 동마다 30가정씩 들어 있었다. 그리고 지주 위에 세운 오두막이 수용소 뒤쪽의 절반을 가득 채우고 있었다. 이것이 7,000명을 수용할 수 있는 당시 가장 큰 수용소였다. 다른 수용소들은 찬타부리와 뜨랏 성 국경을 따라서 남쪽으로 몇 천 킬로에 걸쳐서 있었다. 수용소들은 우기가 되면 누런 진흙과 홍수로 꼼짝할 수 없는 진구렁이었고 건기에는 쓰레기에 파리 떼가 몰려들어 고약한 냄새가 났다. 이러한 곳에 난민들이 계속 일주일 평균 50여 명씩 들어왔다.

태국은 같은 시기에 라오스와 연접한 북동쪽 국경을 따라서 세워 놓은 수용소에 라오와 흐몽 족도 수만 명이나 감당하고 있었다. 또 남쪽 해안의 수용소에도 베트남 난민(보트 피플)으로 넘쳐나고 있었다.

1975년 인도차이나가 공산주의자들에게 넘어가면서부터 선교사들은 인도차이나 피난민이 태국으로 들어오는 것을 적극적으로 돕고 있었다. 그들은 대부분 이전에 베트남, 라오스, 태국에서 사역하던 사람들이어서 그 언어와 문화를 알고 있었고 현지 교회와도 관계를 가지고 있었다. 이제 태국으로 이동 배치되어 모든 수용소에 최소한 파트타임으로라도 사역자가 있었다. 찬타부리와 수린에서 태국인 대상으로 사역하던 선교사들은 수용소가 세워지자 그저 자기들이 하던 사역의 반경을 넓히기만 하면 되었다. 방콕에서는 정기적으로 모여 수용소의 전도 방법을 서로 의논했다. 이것은 아주 전략적이고 도움이 되었다. 다양한 선교회에서 온 사역자들이 함께 이야기하고 의견을 모아 계획을 세운 뒤 소책자 출판, 구호품, 제자 훈련 등의 일을 분담하였다. 그리고 그들에게 복음을 전한다는 같은 목적을 가지고 예배하고 기도하였다.

캄보디아 수용소 교회들은 모두 뿌리를 내리고 있었다. 처음에는 그리 그럴듯하게 보이는 모습은 아니었다. 예를 들어 아란야쁘라테트를 보면 열두어 명 되는 난민들이 붉은 '환타'를 따라 놓은 컵과 빵조각을 앞에 놓고 그 주위에 둘러 앉아 고개를 숙이고 성찬식을 하고 있었다. 이 작은 모임이 더 커지면 한 집을 마련하여 바닥에 성경을 펴놓고 누군가 가르쳐 주는 것을 배우는 것이었다. 뜨거운 날씨에 아주 무질서하고 소란했기 때문에 기를 쓰고 들어야 하는 환경이었다.

매주 예배 때마다 친구들과 이웃, 또는 새로운 사람들이 더 들어왔다. 그들은 기타나 캄보디아 전통 바이올린 반주에 맞추거나 아니면 손에 작은 징으로 박자를 맞추며 캄보디아 찬양을 불렀다. 예배를 경건한 분위기로 만드는 일은 언제나 아주 어려웠다. 새로 온 사람들은 예배 중에도 잡담하고 웃는 등 진지함과는 거리가 멀었다. 절에서는 집중하거나 예배에 참여하여 무언가를 배우는 일이 필요하지 않았기 때문에 절에서처럼 행동하는 것이었다. 그들은 그저 그곳에 있으면 '공덕'을 쌓은 것이라고 믿었다.

아란야쁘라테트 수용소에서 모일 때, 특별한 모임이나 축제 전에 기독교인들은 모임 장소로 올라가는 계단 아래에 있는 돌 항아리를 예배드리기 위해 앉아 있는 사람들의 한가운데에 옮겨다 놓았다. 먼지 묻은 발을 들어오면서 씻는 것이 아니라 성도들은 자기 옆에 앉은 사람의 발에 물을 부어 주었다. 예수님이 제자들의 발을 씻겨 주셨듯이. 발은 캄보디아 문화에서 몸의 아주 낮고 천한 지체로 여겨서 남에게 보이지도 않고 만지게 하지도 않았기 때문에 이러한 겸손한 행동은 아주 강력하게 그리스도의 방법을 보이는 상징이 되었다.

병자를 위해서 정기적으로 특별 기도를 드렸다. 미술에 소질이 있는 사람들은 평범한 베니어판 벽에다 캄보디아의 영적 모티프와 스타일을 동원해서 성경 이야기를 그려서 아름답게 장식했다. 아란야쁘라테트에서는 축제 때 과일로 '사랑의 잔치'를 즐기는 것이 전통이 되었다. 아주 오랜만에 우리가 마을 시장에 가서 두리안, 망고, 오렌지, 포도, 망고스틴, 람부탄, 파인애플을 상자로 사오면 그들은 기쁨을 숨기지 못했다. 그러면 모두 서둘러 모임 장소를 꽃과 나뭇잎과 야자 잎으로 온통 장식을 했다. 수용소 전역에서 기독교 공동체는 기쁨과 희망과 위로의 원천이었다. 그들은 다른 사람들과는 달리 행복하게 돌보는 사람들, 우울한 분위기에서 밝게 빛나는 빛과 같은 사람들이었다.

밝고 활기에 찬 젊은이들이 프놈펜에서 지냈던 나날을 추억하며 이렇게 교회를 이끌면서 심방하고 책자를 나누어 주고 성경 공부를 인도했다. 선교사들은 가까운 읍내에 살면서 그들을 정기적으로 방문하여 제자 훈련을 했다. 선교사의 역할은 주로 리더십을 가르치고 새로 믿은 사람들에게 세례를 주며 서적을 가져오고 기독교 테이프를 보급하는 일과 함께 병자를 위해서 기도하고 장례식과 결혼식, 헌아식을 집전하는 일이었다. 수도 없이 많은 질문에 대답해 주고 수용소 당국과 이야기하여 여러 가지 도덕적, 사회적 문제를 해결하도록 도왔다.

이 교회들은 수용소에서 망명자들에게 중요한 곳이었다. 신자들도 수용소 안의 다른 사람들 처럼 자기들이 겪었던 공포와 불확실한 현재의 긴장에 대해 서로 이야기하였다. 그들에게도 그러한 곳에서 있을 수 있는 도덕적 타락과 육체적 위험이 많이 있었다. 주된 문제는 신부를 구하고 있는 젊은 청년들이 아주 많다는 것이었다. 가족 중에 후원자가 있는 아가씨는 신부 지참금이 대단히 높았다. 서양에서 그러한 정략결혼은 삶에서 어려움을 만나면 오래 가지 못한다. 남자 중에 서두르다가 좋지 않은 결정을 한 사람들이 있었다. 긴장과 질투가 생겼고 끊임없이 수근거리는 분위기가 영적인 힘을 약화시켰다. 지루하고 갇혀 있는 수용소는 도덕적으로 흠 없이 사는 것이 쉽지 않았다. 시작은 잘 했는데 나중에 보면 장애물이 되어 떨어져 나갔다. 긴급한 상황에서는 그리스도인으로서 사는 일에 값비싼 희생이 따랐다.

　그래도 아주 훌륭한 캄보디아 기독교 지도자들이 초창기 수용소에서 배출되었다. 그들은 새롭게 전도를 시작했고 '제 3국'으로 이동하는 어지러운 상황 속에서도 끝까지 동포들을 잘 도왔다. 그들의 삶의 여정과 출신 배경은 다양했다. 츠혼다웃은 권투 선수 출신이었고 사룬은 저항 운동을 하던 투사였다. 그의 다리에는 아직도 지뢰밭에서 터진 수류탄 파편이 많이 박혀 있었다. 띠엠은 트럭 운전수였고 나레스는 군대 장교였다. 순뗙은 임신한 아내 낌호웅과 캄보디아를 빠져 나오는데 도중에 숲 속에서 조산을 했다. 그때 갑자기 크메르 루즈가 나타나 그들은 서로 헤어지게 되었다. 낌호웅과 갓난 아기는 수일 동안 숲에서 길을 잃고 있었다. 마침내 태국에 왔을 때 기독교인들이 산모와 아이를 극진한 사랑과 기도로 돌보았다. 어린 아기는 너무 약해서 죽고 말았고 산모도 말라리아와 쇼크로 거의 죽을 뻔했지만 간신히 살아났다. 순뗵이 아내를 만났을 때 아내는 이미 크리스챤이 되어 있었다.

피난민 교회는 정거장과 같았다. 안정감과 지속성을 유지하기가 어려웠다. 누구나 제로에서 시작하는 것도 낙심되는 일이었다. 훈련하여 지도자가 될 만하면 바로 뽑혀서 해외 정착민으로 가는 것이었다. 매달 버스를 타고 방콕으로 가서 프랑스, 캐나다, 미국 또는 호주로 새 삶을 찾아 갔다. 이들 중에 아직 믿음이 어린 사람들은 곧 호된 시련을 겪게 될 것이었다.

그들 중에는 그곳을 떠나면서 성경을 버리고 가는 사람도 있었다. 기독교가 그저 지루한 수용소에서 유익한 버팀목일 뿐이었던 것이다. 이제 서양에서 새 삶을 살게 되었으니 그리스도 안에서의 새 삶은 더 이상 필요가 없었다.

1975년에서 1980년까지 태국 피난민 수용소에서 있었던 캄보디아의 두 번째 대추수에는 알곡과 쭉정이가 함께 있었고 바람이 불 때 곧 구분할 수 있었다. 무료하던 수용소에서는 기독교가 매력 있었지만 로스앤젤레스, 파리, 몬트리얼, 시드니에서는 그렇지 않았다.

사람들은 온통 해외에서 재정착하는 사람으로 선택되는 일에 관심이 쏠려 있었다. 인터뷰를 하기 위해 대사관 이민 관리가 오면 사람들은 사기가 충천해졌다. 그러나 명단이 발표되고 나면 아주 낙심하는 것이었다. 기다림이 견딜 수 없이 괴로운 사람들이 있었다. 사람으로 넘쳐나는 곳에서 다른 할 일 없이 갇혀있기 때문에 감정적으로 불안하고 격할 때가 많았다. 술 마시고 도박하며 부정과 비행을 저지르는 일이 다반사였다.

그러나 피난민이라고 캄보디아의 압제와 서양의 치명적인 자유 사이에 있던 그 시기를 모두가 게으르게 지낸 것은 아니었다. 무장한 경비병이 지키고 있는 그 무미건조하고 혼잡한 수용소, 높이 쳐 놓은 가시철조망의 분위기를 즐겁고 친밀감이 있도록 변화시키는 사람들이 있었다. 케이크나 국수와 음료를 파는 작은 가게를 내기도 하고 이발사나 재봉사, 시계 제조사들도 꾸준하게 장사를 하였다. 그리고 영어나 불어를 할 줄 아는 사람은 나이를 불문하고 배우러 오는 열심 있는 학생들을 가르쳤다. 놀고 있는 땅이 있으면 과수나 채소를 심어서 기본적인 식량을 대기도 하였다. 이 채소밭 한 가운데 비교적 사적인 공간이 있었는데 그곳에 지주(支柱) 위에 지은 초가집이 있었다. 남자들은 그 안에서 해먹에 눕거나 갈라진 대나무 벤치 위에 양반 다리를 하고 앉아서 담배를 말아 피우면서 캄보디아의 정치나 저항 세력에 대해서 또는 이 나라에 정착하면 무엇이 좋고 저 나라에 정착하면 무엇이 나쁘고 등등 한량없이 이야기를 하는 것이었다.

가끔씩 태국 관리들은 난민들이 가까운 읍내에 가도록 허락해 주었다. 그러면 그들은 약간 있는 돈으로 수용소에서 장사를 할 물건을 샀다. UNHCR과 적십자사 등 구호 기관은 음식이나 건강의 면에서 그들을 충분히 돌보아 주었다. 사실 수용소 밖에 있던 태국의 마을 사람들은 그들이 쉽게 놀고먹다가 장래에는 미국까지 가는 것에 대해서 부러운 눈으로 바라보고 있었다.

수용소에 있는 어린이들은 환경이 어려움에도 불구하고 놀라운 창조력으로 온갖 종류의 놀이를 개발하여 유쾌하게 지냈다. 집에서 만든 팽이, 연, 공깃돌, 죽마, 수레 등을 가지고 놀았는데 그들의 즐거운 목소리는 수용소에 행복한 기운이 돌게 만들어 주었다. 남자 중에 앙코르의 유명한 절을 유화로 그리는 사람도 있었다. 다른 사람들은 단순한 기구를 가지고 비누를 이용하여 동물이나 춤추는 아가씨를 정교하게 조각하기도 하였다. 전통 악기를 만들어 연로한 사람들에게 팔기도 했는데 결혼식이나 축제에서 연주하는 소리를 들을 수 있었다. 여인들은 뜨개질도 하고 직접 만든 베틀로 옷을 만들었으며 서로 머리를 염색해 주었다. 사람들이 아주 좋아했던 프랑스 빵을 땅에 기름통을 묻어 만든 원시적인 오븐에 구워 내놓기도 하고, 캄보디아에서 먹던 스프나 요리 맛을 내기 위해 부엌 곁에 양념류를 심어 가꾸기도 하였다. 식구들이 씻고 난 물은 늘 밭에 버렸다. 머리를 헹굴 때도 채소가 심긴 사이로 물이 흘러가도록 주의하였다. 늘 더울 때 물이 귀했기 때문이었다.

그러나 밤이 오면 도박, 술, 부도덕한 일, 말다툼, 도둑질, 강간, 심지어 살인까지 하였다. 많은 사람들이 건강이 회복되기만 하면 이전에 늘 하던대로 게을러지고 부패하고 배반하는 것이었다.

수용소마다 사랑스러운 모습으로 이웃을 돌보는 핵심적인 그리스도인들이 있었다. 악에서 떠난 그들의 모습은 다른 이와 구별되었다. 물론 교회 안에도 대다수가 그리스도 안에서 어린아이였기 때문에 긴장이 있었고 훈련해야 하는 문제도 있었다. 그러나 신자들은 이전 믿지 않을 때와는 완전히 달랐다. 재미있는 사실은 병원 담당, 통역, 구호물자 배급을 하는 사람 등 수용소 안에서 지도적인 역할을 하는 사람들은 거의 언제나 기독교인이었다.

크리스마스와 부활절에 교회들은 모두 나가서 복음을 전했다. 며칠 간 집회를 하고 난 뒤 마지막에는 간증과 함께 세례식이 있었다. 물이 넉넉하고 허가를 얻을 수 있으면 많은 사람들이 가까운 강가나 논을 위해 만들어 놓은 저수지에 모였다. 동쪽으로 조금만 가면 있는 조국의 하늘을 향해 얼굴을 들고 늘 부르던 찬양을 크게 불렀다. '오 행복한 날, 폭풍 속의 피난처이신 하나님, 당신께 가까이 나아갑니다. 사랑하는 주 예수님, 하나님의 사랑.' 바람이 그들의 목소리를 날아다가 아직 옹까의 발아래서 신음하고 있는 형제자매들의 귀에 위로의 말로 전해 주었는지는 모르겠다. 그러나 캄보디아 난민 중에서 새로 세례 받은 하나님의 자녀들은 그들을 위해서 노래를 불렀다. 아란야쁘라테트에서는 예배를 마칠 때마다 한 사람이 캄보디아를 위해서 기도를 인도하고 마지막에는 함께 모두가 일어서서 이렇게 축도했다.

주 예수 그리스도의 은혜와
하나님의 사랑과 성령의 교통하심이
우리 모두와 영원히 함께 있을지어다.
아멘

크리스마스에는 언제나 예수님의 탄생을 주제로 한 연극과 노래가 있었다. 구할 수 있는 침대보를 가지고 캄보디아의 극장 스타일로 모두 예쁘게 늘어뜨려 한껏 장식하고 다 알고 있는 성탄 이야기를 각색했다. 캄보디아 극에는 언제나 한 명은 희극적인 역할을 하는 것 같았다. 목동 중에서 한 명을 단순하지만 사랑받는 캄보디아의 시골 광대로 꾸몄다. 절대로 베들레헴에서 나신 아기 예수의 탄생 장면에는 손대도록 허락하지 않았다. 내 기억에 1976년인가 아란야쁘라테트 수용소에서 이전과 다른 크리스마스 연극을 보았다. 보통 같으면 모두가 베들레헴의 말구유 주위에 모두 모여 서서 승리의 찬가를 부르며 끝났는데, 이야기가 더 비극적이고 감동적으로 계속되는 것이었다. 마리아와 요셉과 아기가 잔인한 통치자를 피해서 숲으로 달아나고 있었다. 무자비한 군인이 어린 아기의 머리를 세게 때렸다.(그들은 인형을 사용했다.) 갑자기 연극 전체가 현실처럼 실감이 났다. 마리아와 요셉과 아기 예수가 먼지 나는 이웃 나라의 난민 수용소에 피난민으로 있게 되는 것으로 그 연극은 끝났다.

그 연극이 수용소에 끼친 영향은 대단했다. 1977년 크리스마스 축하연 직후 한 중년 남자가 찾아와 봉인된 봉투를 나에게 주었다. 안에는 정식 문어체의 캄보디아 글로 진지하게 쓴 편지가 들어 있었다. 그 안에는 또 한 신사의 증명사진이 들어 있었고 엄지 인장이 찍혀 있었다.

아란야쁘라테트 난민 수용소
1977년 12월 25일

'……제가 1978년 1월 1일부터 기독교 신앙을 갖고 교회에 들어오도록 허락해 주십시오. 저는 아무 의심 없이 예수 그리스도의 길이 구원의 길이며 모든 인류를 구원하는 길인 것을 믿습니다……
가장 존경하는 표시로 제 오른 손 엄지 인장을 찍어 서명합니다.'

반 레안씨는 아주 헌신적인 그리스도의 제자가 되어 교회에서 많은 사람들의 사랑을 받는 '아저씨'가 되었다. 그는 1978년 5월 11일에 수용소에서 25명과 함께 세례를 받았다. 소문에 의하면 몇 달 전에 반 레안은 크메르 루즈의 살해 표적이 되어 '하나님의 눈'이라고 불리는 공동체에서 나와 깊은 숲 속으로 몸을 피했다. 숲 속에서 아주 고생하며 기진맥진해 있었는데 성도들이 음식, 옷, 약품, 그리고 모기장을 갖다 주어 생명을 건졌다고 했다. 그 후 수용소에 들어와 크리스마스 연극을 본 것이었다. 그도 역시 소만이나 다른 사람들처럼 수년 전에 마음에 심긴 하나님의 말씀이 지금 열매를 맺은 경우였다. 반 레안은 25년 전 1953년에 잠언 쪽 성경을 받아 읽은 적이 있었다. 그 말씀의 지혜는 그의 영혼에 전율을 일으켰으며 하나님에 대하여 영원한 목마름을 갖게 하였다.

결국 그는 미국에 정착하게 되었다. 대부분의 사람들과는 달리 그는 수용소에서 재혼하지 않고 아직 캄보디아에 있는 아내와 가족을 위해서 인내심을 가지고 기도했다. 1979년, 나는 그 가족이 모두 미국으로 가서 온 가족이 함께 살게 되었다는 소식을 들었다. 반 리앤은 그 1977년 성탄절에 엄지 인장을 찍음으로써 자기의 구세주와 맺은 언약을 서면으로 보증한 것이었다.

이 시기에 그리스도께 돌아온 이야기 중 기억에 남는 것이 많이 있다. 복음에 응답하여 돌아온 사람들은 대부분 이전의 학생이나 지식인이어서 될 수 있는 대로 캄보디아에서 멀리 떠나 영어나 프랑스어를 배우려는 사람들이었다. 그들 중에는 캄보디아에서 일어나는 일이 너무 부끄럽고 정나미가 떨어져서 더 이상 캄보디아인으로 살고 싶지도 않고 캄보디아적인 것이라면 무엇이든 싫은 사람도 있었다. 불교가 캄보디아의 종교였기 때문에 그것도 싫어했다. 한번은 한 교양 있는 부인이 '다음 세상에서는 절대로 캄보디아인으로 태어나고 싶지 않아요.'라고 했다. 그러나 교회로 들어온 사람 중에는 완전히 캄보디아의 전통과 습관이 몸에 배어 있는 전형적인 크메르 농부들도 많았다. 그중에 몬씨가 있었다.

몬씨는 이전에 마을 학교 교장이었는데 강력한 영매였다. 그는 병자를 위해서 제사를 지내주고 점도 쳤는데, 심지어 어떤 사람은 그가 비도 오게 할 수 있다고 했다. 하루는 밤에 몽환의 경지에 빠져 있다가 다른 사람을 칼로 찔러 죽이고 그 칼로 자기도 찌르려고 했다. 그러나 재빨리 처치를 해서 목숨을 구했다. 그 일로 태국 감옥에 갇히게 되었는데 수용소에서 나누어주는 성경과 기독교 소책자들을 읽고 그가 감옥에서 나올 무렵에는 그리스도를 믿는다고 고백할 정도가 되어 있었다. 다시 수용소에 돌아오자 그는 자기가 가졌던 모든 책과 주물, 악마를 부르는데 쓰던 도구들을 전부 꺼내어 공개적으로 태웠다. 수용소 사람들은 그가 이전에 어떤 사람인지 모두 알고 있었기 때문에 그가 기독교인이 된 것에 대해서 아주 놀랐다.

소빳도 그 태국 국경의 수용소에서 하나님께서 베푸신 놀라운 은혜의 결실이었다. 나는 수용소 안에 있는 진료소에 자주 가는 편이었는데도, 그곳에 그가 누워 있는 것을 한참 후에야 발견했다. 그는 배가 부어 있었는데 가운데에 길게 수술했던 흔적이 남아 있었다. 아주 말랐고 쇠약한 상태였다. 손톱이 길고 때가 끼어 있었으며 발이 진흙

투성이인 것으로 보아 오랫동안 씻지 않은 것이 분명했다. 나는 몸을 굽혀 헝클어진 그의 머리를 이마에서 빗어 주면서 캄보디아말로 말을 걸었다. 그는 눈을 천정에 고정시키고 창백한 입술을 굳게 다물고 있었으며 미동도 하지 않았다. 이곳에 몰려오는 캄보디아 피난민에게서 늘 보던대로 초점 없이 먼 곳을 응시하는 시선이었다.

그와 대화를 나누려고 했지만 소용이 없었다. 그는 아주 천천히 뼈만 남은 몸을 나에게서 돌리더니 등을 보이며 돌아누웠다. 그의 의료 기록에는 소빳, 남자, 31세 밖에 쓰여 있지 않았다. 그후 몇 시간 동안 수용소 안에 친구나 친척이 있는가 하고 찾아 다녔지만 아무도 없었다. 아무도 그를 몰랐고 알려고 하지도 않았다. 다른 곳에서도 짧은 대답과 무거운 침묵만 있을 뿐이었다. 마지막으로 분주한 수용소 의사에게 다가갔다. '가망 없어요. 암 투성이에요…… 아무도 몰라요. 그저 진통제만 줍니다. 도와주시겠다고요? 무엇이든지 하시고 싶은 대로 하세요.'

이곳에 드리워 있는 절망의 무거운 구름은 사람의 영혼을 완전히 찢어 놓는 때가 있었는데 소빳이 지금 그런 경우였다. 자꾸 뒷골이 당겨서 다시 진료소에 가 보았다. 소빳은 이전과 같은 자세로 벽을 보고 누워 있었고 나는 침대 가에 앉아 그의 어깨에 손을 대고 기다렸다. 한참 후 그는 몸을 돌려 처음으로 나를 바라보았다. 나는 아무 말도 하지 않고 그의 몸에서 더러운 옷을 벗겨 내고 가지고 온 깨끗한 옷으로 갈아 입혔다. 다시 그의 얼굴을 보는데 눈이 젖어 오더니 눈물을 흘렸다. 그러나 아무 소리도 내지 않았다. '도와드리러 왔어요. 무엇이든지 원하시는 것 말해 주세요.' 나는 얼굴을 닦아주고 마실 것을 주면서 내일 다시 오겠다고 약속했다.

　나는 전에도 캄보디아인이 혼자 비극적으로 죽는 것을 본 적이 있었지만, 소빳에게는 자꾸 내 마음이 기울었다. 나는 그가 그저 그곳에 누워 서서히 죽어가는 것을 받아들일 수가 없었다. 아무도 모르는 채 길거리의 개처럼 쓸모없이 죽는 것이 용납이 되지 않았다. 그는 하나님의 형상으로 지어진 인간이고 나는 그를 사랑했다. 그 날 밤 집에 돌아와서 그 모든 심정을 주님께 토했다. 인간으로서 그가 당한 모든 재앙과 고통, 비참함이 너무도 슬펐다. 틀림없이 하나님께서도 그를 보셨다. 나는 밤이 맞도록 계속 울며 간구하며 기도를 드렸다. 이 사람에 대해서 하나님께서 무언가 일을 행해주실 때까지 그분을 가만히 계시게 할 수가 없었다. 나는 약한 믿음이지만 있는 믿음을 전부 동원해서 이 사람, 소빳을 위해서 집중해서 기도드렸다.

　다음 날 아침, 나는 바로 그를 보러 갔다. 그의 사롱을 깨끗이 빨아서 다른 옷과 비누 등을 함께 가지고 갔다. 그는 나를 보자 기쁜 것 같았다. 그래서 오랜 시간을 들여 그를 씻기면서 캄보디아에 있는 그의 가족 이야기도 듣고 정글을 탈출할 때 위험했던 이야기도 들었다. 거의 다 씻겼는데 갑자기 그가 물었다. '죽은 뒤에 내가 어떻게 되는지 알 수 있나요?' 나는 내가 방금 들은 말을 믿을 수가 없어서 아무 말도 하지 않고 그를 돌아다보았다. 그는 내가 캄보디아 말을 알아듣지 못한 줄 알고 다른 말을 사용해서 같은 질문을 했다. 나는 앉아서 아주 단순하게 살아계신 하나님과 구세주 예수님에 대해서 그에게 말해 주었다. 그는 집중해서 들었는데 마치도 이미 어렴풋이 알고 있는 것을 내가 다시 확실히 말해주고 있는 것처럼 보였다. '예, 믿어요. 나는 그것을 믿어요.' 그는 아주 흥분해서 말했다. 내가 이야기를 더 했지만 그는 이제 알고 있는 것 같았다. 모든 것이 완전히 이해가 된 것이었다. 그의 얼굴은 편안했고 이제 웃었다. '나는 예수님을 믿습니다. 그분이 진리이세요.'

나는 감사의 기도를 하고 나서 서둘러 츠혼을 데리러 갔다. 내가 말하기 시작했던 것을 그가 더 자세히 설명해주어 믿음을 견고히 해줄 것이었다. 소중한 츠혼, 캄보디아에서 어렵게 나와 혼자 살아난 그는 아주 인내심이 많았고 친절했으며 하나님께 대한 믿음이 아주 강했다. 하나님 아버지께서 우리에게 그를 정말로 잘 보내 주셨다.

'저분이 예수님에 대해서 더 설명해 주시나요?' 내가 츠혼을 데리고 오자 소빳이 나에게 물었다. 츠혼은 예수님이 십자가에 달리셨을 때 곁에서 함께 십자가에 달렸던 강도 이야기를 해주었다.

'나와 함께 천국에 있으리라.' 소빳은 그 말을 천천히 되받아 해보았다. 마치도 그것이 진통제처럼 깊이 침투해 들어가서 두려움과 불안과 외로움이 사라지고 대신에 깊은 평안과 따뜻함 그리고 위로가 홍수처럼 밀려오는 것 같았다. 우리는 함께 기도했다. 그러고 나서 츠혼은 곁에 있는 침대에서 놀라운 표정으로 듣고 있던 부인에게로 갔다. 나는 소빳이 새로 태어나는 극적인 순간에 함께 있을 수 있어서 즐거웠다. 그리스도 안에서 서로 형제가 되는 즐거움은 그 무슨 말로도 표현할 수가 없다.

성도들도 그 좋은 소식을 듣고 함께 기뻐했다. 그때부터 그들도 날마다 그를 찾아갔다. 씻어주고 편안하게 해주고 자기들이 가진 얼마 되지 않는 음식 중에서 좋은 것을 나누어 주었다. 모두 이렇게 친절과 우정으로 그의 믿음을 격려해 주었다.

날이 갈수록 그의 몸은 더 야위어 갔다. 이제 거의 움직일 수조차 없었다. 그렇지만 그의 영혼은 자유롭게 높이 날아 승리를 맛보고 있었다. 마지막에 우리는 모두 그와 함께 있었다. 날마다 그를 씻기며 부드럽게 시중들던 청년 롯도 함께였다.

마지막은 승리였다. 금요일 아침 9시 그의 숨이 점점 약해졌다. 마지막 숨을 쉬면서 주님과 함께 있는 것 같았다. 그의 얼굴은 고요했고 빛났으며 고민이나 고통의 흔적 없이 평화로웠다. 그는 잠시 동안 두 세계 사이에서 머뭇거리는 것 같았다. 소빳이 영원의 가장자리에서 잠시 머뭇거리는 동안 우리는 하나님의 임재에 아주 가까이 이끌려갔다. 그때 아주 갑자기 그가 조용했다. 그의 얼굴에 두 번 아름다운 미소가 떠오르더니 천국으로 떠났다. 우리는 그의 초라한 육신의 장막을 지켜보고 있었다. 다시 우리 귀에 피난민 수용소의 세계가 시끄러운 소리로 다가왔다. 그러나 소빳은 영원히 떠났다. 약속대로 예수님과 함께 천국에서 살기 위해서.

소만과 살리엥과 롯은 장례를 위해 그의 몸을 씻기고 수의를 입혔다. 태국 관리는 나무 관을 가져다주며 우리가 무엇이든 마음대로 하도록 맡겨 주었다. 소빳은 얼굴에 수놓인 천을 덮고 이곳에서 구할 수 있는 가장 좋은 옷을 입었다. 형제들은 그를 조심스럽게 관에 눕혔다. 성도들은 하나하나 상세한 부분까지 정성을 기울였다.

츠혼을 포함하여 6명이 마을 끝에 있는 무덤으로 가도 좋다는 허가를 받았다. 방랑자나 아주 가난한 사람을 위해 마련된 것이었다. 여기 사랑하는 캄보디아에서 2km도 떨어져 있지 않은 곳에다 성도들은 추방된 동족 소빳의 무덤을 만들었다. '완전한 승리입니다. 죽음 아, 네가 무엇을 이길 수 있느냐?' 츠혼의 분명하고 차분한 목소리만 이 유일하게 찌는 듯이 더운 한낮의 고요함을 깨뜨렸다.

소빳의 몸을 땅에 묻고 성도들은 그 위에 흙을 가득 덮었다. 한낮 이고 땅이 굳어 있었기 때문에 시간도 오래 걸리고 아주 힘든 일이었 다. 그들은 우선 관의 주위를 돌아가며 흙을 꼭꼭 채웠다. 무덤을 떠 나면서 우리는 모든 것이 하나님의 뜻대로 되어졌다는 확신이 있었 다. 소빳은 더 이상 집 없는 피난민이 아니라 자유로운 하늘 시민으 로 천국에 들어가 큰 기쁨을 누리게 될 것을 알기에 우리는 따뜻한 마음을 가질 수 있었다.

며칠 후 피난민이 모일 때 사용하는 긴 집에서 가르치고 있는데 소 빳을 알던 사람이 그곳에 두 명 있었다. 소빳의 아픔과 죽음의 과정 을 지켜보며 주저하고 망설이던 사람들이었다. 나는 그들에게 다가가 서 무슨 일이 있었는지를 전부 이야기해 주었다. 그들은 자기들이 본 것과 이제 들은 이야기에 감동하여 눈물을 흘렸다. 한 사람이 말했 다. '정말로 놀랍군요. 그는 캄보디아에서 아주 악한 도둑이어서 사람 들이 두려워했던 사람입니다.'

츠혼은 기독교인이 된 후에 여러 가지 갈등과 좌절을 많이 경험한 적이 있었기 때문에 사람들의 삶이 변화되도록 도울 수 있었다. 특히 소빳과 같은 사람들에게 마음이 끌렸다. 병들고 가난하고 사랑스럽지 않은 사람들에 대해서 긍휼의 마음이 많았다. 오랫동안 군인으로 살 았기 때문에 반공산주의 운동에 관심이 있었다. 수용소 안에서 그러 한 사람끼리 모이고 있었는데 그는 바로 그들과 친해졌다. 사람들은 그를 신뢰하여 자신의 좋고 나쁘고 추한 비밀이나 두려움 등을 전부 이야기하고 그에게 돈까지 맡겼다.

자유를 위해 싸우는 전사들 주위에는 모종의 비밀스러운 분위기가 있었다. 정말인지 과장인지 모르는 자기들의 공훈 이야기는 다분히 낭만적인 요소가 있었다. 절대로 이기지 못하고 영향을 줄 수 없어 보이는 검은 괴물이 캄보디아 전역에 기어 다니고 있는데 누군가 그 옹까에게 대들어 그 옷깃에라도 저격을 했다는 이야기를 들으면 조금이라도 만족스러운 모양이었다. 그들이 불량배였다고 해도 그 무책임함이나 예측 불허한 행동까지도 아주 다채롭고 용감했다고 낭만적인 가미를 하는 것이었다. 누구나 알 수 있었던 사람 몇 명을 제외하고 그들은 대부분 혼자 방랑하는 사람, 허세 부리는 사람, 독립적인 비동조자로서 시하누크와 론놀 시대에 관료나 군인에게 주어졌던 편한 생활에 중독이 되어 있었다. 그들은 크메르 루즈와 같이 험한 스파르타식의 훈련을 받아 본 적이 없었기 때문에 끈기 있게 일할 수 있는 능력이 없어 보였다. 그러나 캄보디아와 수용소의 힘든 현실을 사는 사람들에게는 완충작용을 해 줄 수 있는 꿈과 환상이 절실히 필요했는데 그들이 그 역할을 해주었다. 캄보디아인 중에는 현실보다 환상을 더 중요하게 여기면서 그 두 요소를 머릿속에 질서정연하게 간직하는 사람이 많았다. 그럼에도 불구하고 젊은 이상주의자들은 저항그룹에 끼여 들어가 언젠가는 반드시 과격한 공산주의로부터 캄보디아를 자유롭게 해방시키자고 열정적으로 이야기하는 것이었다. 이것은 '서양'에 빨리 가지 못했던 대다수의 기독교인들과는 아주 다른 생각이었기 때문에 기독교가 '서양' 종교라는 일반적인 편견을 더욱 부추기게 되었다. 그래서 기독교 개종자를 캄보디아적인 것을 버리는 사람으로 여기는 경향이 있게 되었다. 1980년대 초, 국경에서 활동하던 저항 그룹들은 사람들이 미국에 가고 싶어서 기독교인이 되려고 한다고 비난하여 신자들을 낙심시켰다. 불교를 열심히 믿는 캄보디아 저항군이나 공산주의를 믿는 크메르 루즈들은 조국을 위해서 죽을 준비가 되어 있었는데 기독교인들은 거의 그렇지 않았다. 그저 멀리 떨어진 안전한 곳에서 캄보디아를 도울 뿐이었고 그저 믿는 사람이나 데리고 나올 궁리를 하는 것이었다. 이러한 태도 때문에 캄보디아 교회가 동족에게서 신뢰를 잃은 것이 아닌가 하는 생각이 든다. 그러한 태도는 또 복음을 위해서 자기 생명을 내놓거나 역경을 무릅쓰는 것보다 자기의 목숨을 구하는 것이 더 낫다는 메시지와도 같았다. 우리 선교사들은 아시아 사람들에게 서양에 대한 환상을 갖게 하고 있는가 아니면 십자가에 못 박히신 그리스도의 우월성과 가치를 전하고 있는가?

프놈펜이 몰락하고 순교하기 직전 땅 치어는 선교사 친구에게 이렇게 말했다. '공산주의자들은 자기가 믿는 바를 위해서 기꺼이 목숨을 내놓습니다. 예수님은 이 모든 것보다 더욱 귀한 분이 아니십니까?'

그런데 드물기는 해도 가끔 수용소에서 서양으로 가는 강력한 흐름에 씩씩하게 맞서서 거슬러 올라가는 사람을 만나기도 했다. 쿠이시이가 그런 사람이었다. 1977년 4월 17일 크메르 루즈가 승리 2주년을 자축하고 있을 때, 그리고 폴 츠혼이 24일간 사투하며 자유를 찾아 태국 국경을 넘어오고 있을 때, 쿠이시이는 공화국 군인이었던 사실이 발각되어 나무에 묶여 처형을 기다리고 있었다. 크메르 루즈는 언제나 희생자의 고통을 최대한 늘려 그 과정을 즐겼다. 마치도 고양이가 쥐를 희롱하다가 잡아먹듯이. 그런데 이 경우에는 그 시간이 작은 쥐가 덫에서 빠져나오는 계기가 되었다.

오후의 잔인한 뙤약볕이 사정없이 내리쬐고 있었기 때문에 그는 굶주림과 목마름으로 기진해 있었다. 몸을 묶은 굵은 밧줄도 잔인하게 살을 파고 들었다. 그는 절망 중에 살아계신 하나님을 찾아 부르짖었다. 수 년 전 학생 때 프놈펜의 한 교회에서 하늘과 땅을 지으신 하나님이 살아 계시다는 이야기를 들은 적이 있었던 것이다. 기도하면서 자기를 묶고 있는 밧줄을 풀려고 몸부림을 쳤다.

다행히 주위에 아무도 없었다. 모두가 명령을 받고 4월 17일의 축하 집회에 나갔다. 마을 집회 장소가 멀지 않았기 때문에 승리를 축하하며 외치는 소리가 다 들렸다. 쿠이시이는 하도 여러 번 그런 소리를 들었기 때문에 어떤 구호를 외치며 어떤 과정으로 진행이 되는지 다 알 수 있었다. 크메르 루즈는 있는 힘을 다해 큰 소리로 외쳐서 혁명에 대한 자기의 열정이 다른 사람보다 대단함을 보이려고 했다. 그들의 생명이 그것에 달려 있다는 듯이.

이제 쿠이시이의 목숨은 어떻게 모임이 끝나기 전에 달아나느냐에 달려 있었다. 한참을 애쓰니 묶인 것이 좀 헐거워졌다. 그는 하늘을 향해 구해 달라고 애원하며 힘을 다해 밧줄에서 빠져나왔다. 그러나 아직도 손목은 앞으로 묶인 채였다.

그렇게 집중하다가 모임이 끝난 줄도 모르고 있었다. 앞으로 묶인 손이 방해가 되어 위로 들고 논을 향해 뛰는데 뒤에서 크메르 루즈가 외치는 소리가 들렸다. '찹! 찹! (잡아라, 잡아라!) 맨발로 마른 땅을 뛰어가려니 발이 찢기고 목은 탔으며 숨이 가빴다. 사력을 다해 숲을 향해 뛰는데 총소리가 들렸다. 왼손 엄지에 총알을 맞아 피가 줄줄 흘렀다. 또 다른 총알은 머리 곁 가까이로 지나갔다. 그래도 뒤도 돌아보지 않고 뛰어 우거진 숲속으로 들어갈 수 있었다. 메스껍고 현기증이 났지만 가만히 누워서 숨을 고르며 추적자 소리가 들리는지 귀를 기울였다.

손목에서 밧줄을 끄르는 일도 이만저만한 고통이 아니었다. 왼손때문에 팔까지 아팠고 뼈와 살이 다 해어져 곁에 검은 피가 흥건히 고여 있었다. 그는 옷을 찢어서 다친 손 주위를 묶고 성한 손으로 가슴에 바짝 조여 안았다.

옷도 입지 않았고, 모기떼와 가시덤불이 가득한 숲에서, 상처는 깊고 음식이나 물도 없었으며, 크메르 루즈가 그를 찾아 혈안이니 자기는 죽은 목숨이나 다름이 없다고 생각했다. 그러면서도 하나님이 자기를 도와주신 것을 이제는 확실히 알 수 있었다. 처형 직전에 크메르 루즈에게서 벗어나지 않았는가? 틀림없이 그렇게 해 주신 하나님께서 또 이 험난한 숲을 벗어나서 태국까지 가도록 지켜주시고 힘을 주실 것이다.

쿠이시이는 군인이었기 때문에 어떻게 해야 생존할 수 있는 지를 알고 있었다. 나무의 어느 쪽에 이끼가 자라는지, 태양이 하늘에서 어느 쪽으로 진행하는지 등 숲에서 자연의 이정표를 식별할 수 있었다. 자기는 지금 태국 국경에서 동쪽으로 50km 가량 떨어진 곳에 있었다.

7일 동안 이 젊은 군인은 기도하면서 끈질기게 목적지를 향해 나아갔다. 피로 물든 아픈 손을 가슴에 부여안고 트인 공간 쪽으로 나가지 않도록 주의하면서 인적이 없는 깊은 숲을 헤쳐 나갔다. 먹을 것이라고는 아침에 넓은 잎에 내려 있는 이슬뿐이었지만 그것도 감사한 마음으로 핥아 먹었다. 7일째 되는 날 태국 국경 경찰이 그를 발견하여 까빈부리 난민 수용소로 바로 데리고 왔다. 아직 손은 치료하지 못했지만 적어도 그곳에서는 쉬면서 음식을 먹을 수 있었다. 그리고 크메르 루즈에게서 벗어나 자유롭게 되었다는 안도감이 있었다.

그가 들어 간 방은 이미 다른 사람들이 전부 자리를 차지하고 있어서 복잡했다. 그런데 바로 그곳에서 자기보다 열흘 전에 그곳에 온 폴 츠혼을 만났다. 이미 겪은 일로 인해서 쿠이시이의 마음은 하나님께 활짝 열려 있었다. 여기 자기보다 나이가 두 배나 많은 사람이 열이 나고 병약한 쿠이시이의 상태를 보고 아무 망설임 없이 자기 자리를 양보하여 눕혀 주었다. 그는 매일 아침저녁으로 츠혼이 무릎 꿇고 하나님께 부르짖으며 기도하는 것을 지켜보았다. 자기가 무사히 빠져나온 것에 대해서 감사하며 크메르 루즈의 그 지옥 어딘가에 살고 있을 아내와 아이들을 위해서 기도하고 있었다. 그 방에 넘쳐나는 캄보디아인들 중에서 오직 그 노인만이 그에게 진정한 관심을 보이는 것이었다. 쿠이시이에게 츠혼은 그를 도우라고 하늘이 보내주신 손길이었다.

시이는 나흘째가 되어서야 비로소 아란야쁘라테트 병원으로 이송되었다. 나는 3일 후 뼈와 가죽만 남은 그를 처음 보았는데 검게 마른 피부에는 숲에서 다친 상처 자국이 많이 있었다. 아직도 밧줄 자국이 선명하여 그의 이야기가 실감이 났다. 그의 손은 이미 한번 수

술을 받은 상태였다.

태국과 같은 곳에서는 친구나 친척이 와서 머물며 환자를 돌보아 주었다. 환자를 먹이고 씻기고 옷을 입히기도 하면서 제대로 필요한 진찰을 받도록 주의를 환기시켜 주는 일도 하였다. 병동에는 이런 사람들로 가득하여 환자 침대 곁에서 자면서 음식도 날라다 주고 다른 보호자와 구석에 함께 쪼그리고 앉아서 시간을 보내는 것이었다. 이런 식으로 돌봐 주는 사람이 없으면 아주 비참하였다. 누군가 동정심이 많은 의료진이나 병원을 찾아오는 사람 중에 관심을 보이지 않으면 혼자인 채로 지내야 했다. 환자가 움직이지 못할 정도로 심각하게 아프면 아주 큰일이었다. 그러니 시이와 같이 혼자 피해 온 사람에게 그런 장소는 아주 외롭고 겁이 나는 곳이었다. 더구나 태국 말을 할 줄 모르니 현지인은 그들을 '쓸모없는 피난민'이라고 경멸하는 것이었다.

다행히 내가 시이를 맡게 되어 우리는 바로 친구가 되었다. 자기네 말을 할 줄 아는 이상하게 생긴 백인이 아무도 아는 사람이 없는 이 국땅에서 필요할 때 나타났는데, 그가 선교사라는 것이었다. 그는 지난 두 주 동안 이미 하나님의 사랑의 증거를 많이 경험했다. 그래서 내가 가서 인사를 하니 그는 그저 단순히 밝게 미소를 지었다.

그의 소원은 시원한 펩시콜라에 밥을 말아서 오리알을 기름에 부쳐서 그 위에 얹어 먹는 것이었다. 그곳 병원 직원은 아주 친절해서 시이가 많이 회복되어 조금 다닐 수 있게 되자, 시장 가까이에 있는 내 집에서 시간을 보낼 수 있도록 허락해 주었다. 작은 집이었지만 여기에서 마음대로 이야기도 나누었고, 내가 수용소에 진찰하러 가 있는 동안 누워서 자기도 하고 책도 읽었다. 그는 아주 믿음이 강했고 자기 삶을 하나님을 위해서 드리고자 하는 결심이 굳었다.

쿠이시이는 내가 알던 다른 캄보디아 사람들과 달랐다. 사람들과 만나는 것을 좋아하지 않았고 생각이 깊은 사람이었다. 다른 사람이 그에게 새로 피난하여 온 사람들에게 늘 하던 대로 질문을 해대면 그는 아주 불편해 했다. 퇴원해서 수용소로 들어가게 되었을 때 외래 환자로 병원에 가서도 손 치료를 받자마자 곧 돌아오곤 했다. 왼편 엄지손가락이 없어진 부분에 피부 이식을 했다. 친구가 별로 없었지만 츠혼, 사린과 친했다. 사린은 기독교 지도자였는데 저항군으로 싸우다가 가까이서 지뢰가 터져서 다리를 심하게 다쳤다. 쿠이시이는 반 크메르 루즈 저항군의 소재를 알자마자 떠나서 다시는 수용소로 돌아오지 않았다.

그는 가끔씩 아란야쁘라테트에 나를 찾아오곤 했다. 어떤 때는 기독교 서적을 달라고 하기도 하고 어떤 때는 모기장이나 옷이 필요하다고 했으며 또 다른 때는 그저 몇 시간 동안 함께 있었다. 몇 번이나 물어서야 자기들 몇 명이서 캄보디아에 침투해 들어가서 상황을 살피고 탈영병을 도와주며 약을 갖다 주고, 가끔은 매복했다가 크메르 루즈 순찰대를 공격하기도 한다는 이야기를 해 주었다. 쿠이시이는 무더기로 학살하는 장면을 많이 보았기 때문에 크메르 루즈를 멈추게 해야 한다는 확신을 아주 강하게 가지고 있었다. 서양의 민주주의 정부가 하나도 대량학살 정부를 고립시키거나 정죄하지 않고 아무런 효과적인 행동도 취하지 않는 것에 대해 그는 어이없어 했다. 밤에 몰래 숲속을 다니는 그들에게는 숨겨진 지뢰나 부비트랩이 가장 위험한 문제였다.

 6개월 후, 한 태국 사람이 나에게 메모를 전해 주었는데 쿠이시이가 캄보디아 말로 쓴 것이었다. 그는 심하게 다쳐서 가까운 태국 군인 병원에 입원해 있었다. 그들은 논을 지나가다가 불행히도 예기치 않게 크메르 루즈와 딱 마주쳤다. 저항군이 많이 살해되었다. 모두가 달아났는데 시이도 심하게 다친 몸으로 두 번째로 혼자 태국으로 피해 왔다. 그 무엇도 수용소에서 쉬거나 지체하도록 그를 설득하지 못했다. 회복되기만 하면 또 가는 것이었다. 현대판 열심당원으로 가족과 조국을 위해서 자기가 해야만 하는 일을 했던 사람이었다.

 나는 15년 이상 다시는 그를 보지 못했다. 수용소에서 밀수꾼을 통해 한두 번 편지를 교환했을 뿐이었다. 1979년 아란야쁘라테트 수용소에는 수백 명의 불법자가 들어오기 시작했다. 국경에서 밤에 전선 밑으로 기어들어오는 사람들이었다. 베트남 사람들이 크메르 루즈를 전복시킨 혁명을 지지하면서 이제 수용 인원은 더욱 많아졌다. 그때 나는 쿠이시이에 대해서 좋은 소식을 하나 더 들었다.

 이전에 바탐방에서 온 사뵈언이라는 학생이 있었는데 그의 형과 장애자인 누이가 둘 다 기독교인이었다. 그는 누이가 그리스도를 위해서 홀로 고투하는 모습을 보고 은밀히 존경하는 마음을 가지고 있었다. 크메르 루즈 치하에서 사뵈언은 몽쿨보레이 가까이에 있는 집단촌으로 가게 되었다. 여기에서 그는 '미친 곱추'라고 불리는 대단한 사람을 만났다. 그는 정말 이상하게 행동했다. 논밭에 나와 앉아 있거나 팔을 하늘로 향해 뻗쳐 들고 고래고래 소리 지르며 날뛰었다. 사실 그는 미친 척 하는 것이었다. 그는 키가 작았고 약간 불구였는데 아마도 소아마비 때문인 것 같았다. 어떻게 그렇게 되었는지 모르겠지만 사뷔언이 그를 처음 보았을 때 크메르 루즈는 벌써 그를 미친 사람으로 제쳐 놓고 있었다. 그것은 광란의 시기에 드문 병도 아니었다. 그는 확실히 미쳤고 인간 이하였기 때문에 사람들이 제일 싫어하는 일을 할당 받았다. 집단촌에서 나오는 모든 배설물을 섞어서 거름으로 만드는 일이었다. 그런데도 그는 계속 웃었고 신나게 껑충거리며 공중에 대고 이야기를 하고 팔을 흔들었다. 사람들이 보기에 정말로 미친 사람이었다.

그런데 그 '미친 곱추'는 은밀하게 사뷔언과 같은 지식인에게 접근하여 예수 그리스도를 전하였다. 그는 베게 속에 성경을 감추어 가지고 있었다. 그는 이전에 교수도 했고 여러 나라 말도 할 줄 알았다. 무식한 크메르 루즈는 알 수 없었지만 그가 외치던 소리는 그의 뛰어난 재주와 풍부한 상상력으로 하나님께 드리는 창조적인 기도요 찬양이었던 것이다. 사뷔언과 다른 몇 사람이 이 '미친 곱추'의 인도로 그리스도를 믿게 되었다.

수용소에서 사뷔언은 아주 깊이 있게 변하였다. 이전에는 다소 무책임한 면이 있었지만, 지금은 진지하고 열심히 일하며 다른 사람을 배려하는 젊은이가 되었다. 1979년 초, 크메르 루즈 군인들이 많이 다쳐서 치료하기 위해 현지 병원으로 온 적이 있었다. 사뷔언은 자진해서 그곳에 가서 그들을 돌보아 주었다. 그는 내가 살던 집 근처에 머물러도 좋다는 허가를 받았다. 크메르 루즈 같은 사람들을 돌보는 일은 아무도 하려고 하지 않는 일이었다. 그는 혼자 기동 못하여 배변을 가리지 못하고 무기력하게 누워 있는 사람이 있으면 가서 씻겨 주었다. 상처가 오래 되어 고름 냄새가 지독한데도 가서 깨끗이 닦아 주었다. 그는 어려운 처지에 있는 사람을 돕는 일이 아주 만족스러웠다. 파상풍으로 너무 아파서 입을 벌릴 수조차 없는 사람에게 이빨 사이로 물을 넣어 주었고, 가난하고 바싹 마른 소년이 맹장이 터져서 죽어갈 때, 그리고 어린 아기가 창자가 막혀 괴로워할 때 간호했으며, 커다란 뇌종양으로 죽어가는 외로운 할머니를 위로해 주기도 하였다.

날마다 그는 위험을 무릅쓰고 친구이건 적이건 온갖 종류의 병든 사람과 접촉하면서 하나님의 사랑과 긍휼을 보여주었다. 바로 이 시기에 사뵈언은 자기 아버지가 크메르 루즈 치하에서 굶어죽었다는 소식을 들었다. 그가 얼마나 비통하게 울었던지…… 그런데도 병원에 갈 시간이 되자, 얼굴을 씻고 자기 아버지를 죽인 책임이 있는 바로 그 조직의 군인들을 돌보러 가는 것이었다. 그가 그리스도께 인도한 크메르 루즈 중 몇 명은 79년 6월 다시 캄보디아로 송환되었다. 나는 가끔 그러한 사람이 오늘 날에도 있는지 궁금할 때가 있다.

그 해가 저물 무렵, 용감한 사람들이 수용소를 떠나 약과 옷을 가지고 캄보디아에 있는 자기 마을과 가족을 찾아 갔다. 사뵈언도 몇 사람과 같이 가족을 위한 물품들을 가지고 몽쿨보레이로 떠났다. 나는 사뵈언과 짐을 싸고 나서 몇 시간 동안 애를 써서 약 사용법을 캄보디아 말로 옮겼다. 가방에 벌레 물린데 바르는 약, 말라리아 약, 설사약, 그리고 각종 비타민을 가득 넣고 또 성경과 찬송가도 넣어 갔는데, 그것은 '미친 곱추'에게 주려는 것이었다.

이들은 캄보디아를 드나들면서 재미있는 모험을 했다. 신자 두 명이 지뢰가 있는 지역에 다가가고 있음을 알고 서로 팔짱을 끼고 걷자고 했다. 죽어도 같이 죽자는 의도였다. 조심스럽게 가까이 가면서 기도했다. 갑자기 땅이 파인 곳을 딛게 되어 그곳에 빠졌는데 피구덩이였다. 그들이 한 몸처럼 붙어 있었기 때문에 구덩이의 양 옆으로 기어 나올 수가 있었다. 조금 더 가고 있는데 야생 수퇘지가 깜짝 놀라서 그들 앞서 내리 달려갔다. 그러자 숨겨 있던 지뢰에 연결되어 있던 선을 당겨 그것을 폭발시켰다. 이것 때문에 감사한 일이 두 가지가 있었는데 하나는 폭발물이 해결된 것이었고 다른 한 가지는 맛있는 돼지고기를 먹게 된 일이었다.

사뵈언은 다시 태국에 와서 잠시 정글에 있는 캄보디아 저항군 캠프로 피난했다. 여기에서 쿠이시이를 만났는데, 그는 사뵈언이 신자이고 내 친구인 것을 알고 자기 움막으로 데리고 가서 자기가 모아 놓은 기독교 서적을 보여 주었다. 공산주의와 대항해서 캄보디아의 자유를 위해서 싸우던 전사들이 있던 그러한 정글에는 불교와 미신을 광신적으로 믿는 사람들이 대부분인 환경 가운데에서도 그렇게 주님을 증거하는 증인이 있었던 것이다. 후에 들은 이야기이지만 쿠이시이는 아내와 아이들도 구해서 함께 저항 활동을 했다.

성도들 중에는 가족들이 아직 캄보디아에 있기 때문에 서양으로 가지 않고 고향으로 돌아간 사람들이 많이 있었다. 그 중 한 사람의 이야기가 좀 특별했다. 첸이라는 14세 소년이위암 말기의 상태로 카오 제 1 당 수용소 병원에 오게 되었다. 형인 쳄은 16세였다. 둘 다 국경에서 40km 정도 떨어진 시골에 살다가 하나님을 믿게 되었다. 나는 첸과 병원에서 함께 성경도 읽고 그 의미에 대해서도 이야기하곤 하였다.

어느 날 그가 이런 말을 하여 완전히 내 마음이 놓였다. "아저씨, 우리 마을에는 예수님 복음을 들은 사람이 없어요. 저는 아저씨가 거기 가서 복음을 전해 주셨으면 좋겠어요." 나는 캄보디아에 외국인이 들어가는 것이 불법이어서 내가 속해 있는 선교 단체가 그것을 허락하지 않는다 말해 주었다. 그는 절대적으로 구원의 메시지를 들어야 할 사람이 있는데 그러한 인간적인 장애물이 있다는 것이 이해가 되지 않는 듯 했다. 나는 하나님께서 그곳에 캄보디아 신자를 보내 달라고 함께 기도하자고 제안했다.

당시 카오 제 1 당 수용소에는 기독교인이 수 천 명 있었다. 그렇지만 내가 경험상 캘리포니아로 가는 길을 포기하고 다시 본국으로 가는 것에 대해 생각해 보라고 하는 것은 그들을 아주 언짢게 하는 일이었다. 모처럼 하나님께서 이곳에 수많은 사람을 오게 하여 복음을 듣고 믿어 제자가 되게 하신 것은 다시 캄보디아로 돌아가서 복음을 선포하기를 원하시기 때문이라는 제안은 환영받지 못했다. 전도나 가르침에 아주 은사가 있는 사람이 많았지만 그들은 돌아가지 않았다. 그런데 첸은 자기 고향 사람들이 복음을 들어야만 한다고 생각하는 것이었다.

며칠 후, 첸은 나를 만나자 늘 하던 대로 밝은 웃음을 짓더니 내가 가려고 하지 않고 아무도 갈 수가 없는 것 같으니 자기가 가겠다고 했다. "너는 아직 너무 몸이 약하니 더 요양해야 돼. 당분간은 누군가 너를 돌보아 줄 사람이 있는 이곳에 있어야 할 것 같아." 그러나 그의 결심을 꺾을 수가 없었다. "첸이 같이 가주겠대요." 그의 마음은 이미 정해져 있었다.

의사들이 몇 주 전에 첸을 수술했지만, 때가 너무 늦었다. 앞으로 3달 밖에 살지 못한다고 했다. 첸은 첨과 함께 전도지와 쪽복음을 등에 메고 자기 마을로 떠났다. 첸은 암도 문제였지만, 가려는 길에도 지뢰, 강도, 크메르 루즈 게릴라 등 킬링필드였던 캄보디아의 모든 위험이 도사리고 있었다. 아마도 그는 당시 국경 지대 난민 수용소에서 '가장 약하고, 가장 어리석고, 가장 낮고 멸시받는' 신자이었을 것이다. 그러나 그는 주께서 명하신 일을 기쁘게 믿고 순종한 바로 그 사람이었다.

"당신의 하나님을 보시오. 그분은 당신에게 겸손하게 오십니다." 이 가엾어 보이는 어린 소년이 목발을 짚고 전도지를 들고 고향으로 돌아간다고 했을 때 캄보디아 사람들이 얼마나 놀랐겠는가. 그들은 대부분 음식과 약품, 미국 이민이 기다리고 있는 이곳 수용소까지 오기 위해서 모든 것을 바쳤다. 무슨 메시지가 그렇게 중요해서 그로 하여금 기꺼이 고향으로 돌아가도록 강권하였는가? 첨이 나중에 전해주는데, 고향에서 어떤 사람들은 환영했고 어떤 사람들은 경멸했다고 했다. 그러나 첸이 그 마을에서 했던 특별한 사역의 결과가 어떤지는 오직 영원만이 말해 줄 것이다.

그는 그 후 얼마 되지 않아 죽었다. 그는 재가 되어 방콕에 있는 그리스도 교회에 묻혔다. 이제 그는 고통에서 벗어나 주님과 함께 안전한 집에 있다. 나는 첸의 발을 잊을 수 없다. 그 작은 발은 살과 뼈뿐이었는데 상처와 때로 범벅이었다. 그러나 나는 그 발보다 더 아름다운 발을 내 생애에 결코 다시 보지 못할 것이다. 그 발은 구원의 소식을 전하는데 빠른 발이었다. 순수한 아름다움과 단순한 믿음을 가졌던 첸은 시급한 영적인 필요를 보고 자기가 그것을 이루기 위해 부르심을 받은 자라는 지각이 있었으며 머뭇거리지 않고 즉시로 행동했다. 나는 아직 첸이 링거 줄로 꼬아 만들어준 작은 십자가를 가지고 있다. 첸은 고통스러운 것에서 무언가 아름다운 것을 만들어 내는 방법을 알고 있었다.

이 보잘 것 없어 보이는 작은 씨앗은 땅에 떨어져 죽었다. 그리하여 캄보디아의 밭에 많은 열매를 맺어 또 다른 씨앗을 생산해 냈다.●